# 55 formas de cómo ganar dinero con inteligencia artificial

**Triunfar Económicamente**

José Roberto Gómez

# índice

1. **Desarrollo de Aplicaciones AI**: Crea aplicaciones que utilicen IA para resolver problemas específicos.
2. **Análisis de Datos Avanzado**: Ofrece servicios de análisis de datos impulsados por IA.
3. **Consultoría en Implementación AI**: Ayuda a las empresas a integrar IA en sus operaciones.
4. **Chatbots Personalizados**: Diseña chatbots inteligentes para atención al cliente.
5. **Asistentes Virtuales**: Crea asistentes personales basados en IA.
6. **Traducción Automática**: Desarrolla soluciones para traducción de idiomas mediante IA.
7. **Generación de Contenido Automatizado**: Crea herramientas que generen contenido escrito o multimedia.
8. **Predicción de Mercado**: Desarrolla modelos AI para predecir tendencias del mercado financiero.
9. **Optimización de Logística**: Ayuda a empresas a optimizar sus cadenas de suministro con IA.
10. **Reconocimiento de Imágenes y Vídeo**: Desarrolla sistemas para identificar objetos y patrones en imágenes o vídeos.
11. **Medicina Diagnóstica**: Crea soluciones de diagnóstico médico asistidas por IA.

12. **Investigación Farmacéutica**: Utiliza IA para acelerar el descubrimiento de nuevos medicamentos.
13. **Robótica Inteligente**: Diseña robots y máquinas controlados por IA.
14. **Realidad Aumentada y Virtual**: Crea experiencias de RA y RV impulsadas por IA.
15. **Seguridad Cibernética**: Desarrolla soluciones AI para detectar y prevenir amenazas en línea.
16. **Publicidad Dirigida**: Ofrece campañas publicitarias personalizadas basadas en IA.
17. **Automatización de Marketing**: Ayuda a las empresas a automatizar sus estrategias de marketing con IA.
18. **Análisis de Sentimiento**: Desarrolla herramientas que analicen el sentimiento en redes sociales y opiniones en línea.
19. **Juegos con IA**: Crea videojuegos que utilicen técnicas de IA para la jugabilidad.
20. **Educación Personalizada**: Diseña plataformas educativas que adapten el contenido con base en el rendimiento del estudiante.
21. **Detección de Fraude Financiero**: Desarrolla sistemas de detección de fraudes en transacciones financieras.
22. **Automatización de Atención al Cliente**: Crea sistemas de atención al cliente automatizados impulsados por IA.
23. **Recomendación de Contenido**: Desarrolla algoritmos de recomendación de contenido basados en IA.
24. **Agricultura de Precisión**: Utiliza IA para optimizar el cultivo y la gestión agrícola.
25. **Predicción del Clima**: Crea modelos de pronóstico climático basados en IA.

26. **Aplicaciones de Viaje Inteligentes**: Desarrolla aplicaciones que ofrezcan recomendaciones personalizadas de viaje.

27. **Monitorización de la Salud**: Diseña dispositivos wearables con funciones de monitorización de salud impulsadas por IA.

28. **Diseño Automatizado**: Crea herramientas de diseño asistido por IA.

29. **Mantenimiento Predictivo**: Desarrolla sistemas que anticipen necesidades de mantenimiento en equipos industriales.

30. **Asesoramiento Financiero**: Ofrece servicios de asesoría financiera impulsados por IA.

31. **Detección de Plagio**: Crea herramientas de detección de contenido duplicado basadas en IA.

32. **Optimización de Energía**: Desarrolla soluciones para optimizar el uso de energía en edificios y sistemas.

33. **Personalización de Productos**: Diseña herramientas para personalizar productos y servicios basados en las preferencias del cliente.

34. **Aplicaciones de Entretenimiento AI**: Crea aplicaciones de entretenimiento que utilicen IA, como música generativa o arte digital.

35. **Automatización de Procesos Empresariales**: Ayuda a las empresas a automatizar procesos internos con IA.

36. **Gestión de Recursos Humanos**: Desarrolla soluciones para optimizar la selección y gestión de talento con IA.

37. **Monitorización Ambiental**: Diseña sistemas para monitorizar y gestionar la calidad del aire, agua, etc., con IA.

38. **Servicios Legales Asistidos por IA**: Ofrece servicios de asesoría legal utilizando IA para la investigación y análisis.

39. **Diagnóstico de Problemas Técnicos**: Crea soluciones que utilicen IA para diagnosticar y solucionar problemas técnicos en equipos.

40. **Análisis de Redes Sociales**: Desarrolla herramientas que analicen datos de redes sociales para obtener información valiosa.

41. **Gestión de Inventarios**: Utiliza IA para optimizar la gestión de inventarios en negocios.

42. **Seguimiento de Competidores**: Crea sistemas que rastreen y analicen las actividades de la competencia.

43. **Optimización de Precios**: Ayuda a las empresas a establecer precios competitivos utilizando IA.

44. **Servicios de Traducción Automatizada**: Ofrece servicios de traducción rápida y precisa utilizando IA.

45. **Gestión de Riesgos Financieros**: Desarrolla modelos de IA para evaluar y gestionar riesgos financieros.

46. **Automatización Residencial**: Crea sistemas para controlar y automatizar dispositivos en el hogar mediante IA.

47. **Gestión de Residuos**: Utiliza IA para optimizar la recolección y gestión de residuos.

48. **Planificación de Eventos Inteligentes**: Diseña soluciones para planificar y gestionar eventos con IA.

49. **Optimización de Publicaciones en Redes Sociales**: Crea herramientas para programar y optimizar publicaciones en redes sociales.

50. **Asesoría Nutricional Personalizada**: Ofrece asesoramiento nutricional basado en IA y datos personales.

51. **Entrenamiento Físico Personalizado**: Desarrolla programas de ejercicio personalizados con base en la condición física del individuo.

52. **Diseño de Moda Inteligente**: Utiliza IA para generar diseños y tendencias de moda.

53. **Automatización de Procesos Creativos**: Crea herramientas que ayuden a diseñadores y artistas en la creación con IA.

54. **Control de Tráfico Urbano**: Diseña sistemas de control de tráfico basados en IA para reducir congestiones.

55. **Análisis de Sentimiento en Investigación de

Mercado**: Utiliza IA para analizar el sentimiento del consumidor en estudios de mercado.

Ten en cuenta que algunas de estas ideas pueden requerir conocimientos técnicos más avanzados, mientras que otras pueden ser más adecuadas para personas con habilidades empresariales o de consultoría. Asegúrate de investigar y planificar adecuadamente antes de emprender cualquier proyecto.

## **Desarrollo de Aplicaciones AI**: Crea aplicaciones que utilicen IA para resolver problemas específicos.

1. **Idea**: Lo primero que necesitas es una idea. Piensa en algún problema o tarea que puedas resolver con la ayuda de una aplicación. Por ejemplo, podrías crear una aplicación que ayude a las personas a aprender nuevos idiomas de manera divertida.

2. **Bloques de Conocimiento**: Ahora, necesitas saber un poco sobre inteligencia artificial. Piensa en la inteligencia artificial como una especie de robot inteligente que puede aprender cosas y hacer tareas como un humano, ¡pero en una computadora!

3. **Reúne los Bloques**: Ahora, toma tu idea y los bloques de conocimiento sobre inteligencia artificial y comienza a construir tu aplicación. Puedes usar un lenguaje de programación (como si fuera un idioma especial para decirle a la computadora qué hacer) para crear la aplicación.

4. **Entrenamiento**: Aquí es donde se pone realmente interesante. Enseñarás a tu aplicación a hacer cosas usando ejemplos. Por ejemplo, si estás haciendo una aplicación para aprender idiomas, le mostrarás a la aplicación muchas palabras y oraciones en diferentes idiomas, ¡como si estuvieras enseñando palabras a un robot!

5. **Pruebas y Ajustes**: Después de que hayas enseñado a tu aplicación algunas cosas, necesitarás probarla para asegurarte de que esté funcionando correctamente. Si encuentras algo que no funciona como esperabas, puedes ajustar y mejorar la forma en que la aplicación usa la inteligencia artificial.

6. **Listo para Ayudar**: ¡Ahora tu aplicación está lista para ayudar a las personas! Pueden usarla en sus teléfonos o computadoras para aprender nuevos idiomas de manera divertida gracias a la inteligencia artificial que has incorporado.

**Análisis de Datos Avanzado**: Ofrece servicios de análisis de datos impulsados por IA.

1. **Colecciona Datos**: Primero, necesitas recopilar información o datos sobre algo que quieras entender mejor. Puede ser cuántos amigos tienen diferentes personas, cuántas galletas comieron en una semana, ¡cualquier cosa que te interese!

2. **Caja Mágica**: Imagina que la caja mágica es como una súper computadora inteligente. Le das a la caja todos los datos que has recolectado, ¡como si le estuvieras dando información secreta!

3. **Pregunta Mágica**: Ahora viene lo emocionante. Le haces una pregunta a la caja mágica, como "¿Cuántos amigos en promedio tiene la gente?" o "¿Cuál es la galleta más popular?". La caja mágica usa su inteligencia para mirar todos los datos y darte una respuesta.

4. **Respuestas Geniales**: ¡Toda! La caja mágica te da respuestas geniales que te ayudan a entender mejor lo que estás analizando. Puedes descubrir cosas interesantes, como qué galleta es la favorita de la mayoría de las personas.

5. **Usa las Respuestas**: Ahora que tienes estas respuestas, puedes usarlas para tomar decisiones o aprender cosas nuevas. Si estás haciendo un negocio de galletas, podrías hacer más de las galletas populares.

6. **Seguir Aprendiendo**: La caja mágica también puede ayudarte a aprender más a medida que recopilas más datos. Cuantos más datos le des, más inteligente se vuelve la caja mágica y puede darte respuestas aún mejores.

Entonces, el análisis de datos impulsado por IA es como usar una caja mágica para entender información importante. Le das los datos, haces preguntas y obtienes respuestas geniales para tomar decisiones o aprender cosas nuevas. ¡Es como tener un amigo inteligente que te ayuda a descubrir cosas emocionantes!

**Consultoría en Implementación AI**: Ayuda a las empresas a integrar IA en sus operaciones.

1. **Conoce el Juego**: Primero, necesitas entender cómo funciona el juego de la empresa. Aprende sobre lo que hacen, cómo trabajan y qué necesitan mejorar.

2. **Prepara al Nuevo Jugador**: Imagina que la IA es un jugador nuevo en el equipo. Necesitas entrenar a esta IA para que entienda cómo funciona el juego de la empresa. Enséñale sobre los datos y la información que la empresa tiene.

3. **Jugadas Estratégicas**: Ahora que la IA sabe cómo funciona el juego, ayúdale a encontrar las mejores formas de ayudar. Piensa en jugadas estratégicas, como en un juego de ajedrez. Puedes decirle a la IA cómo puede usar su inteligencia para tomar decisiones más inteligentes.

4. **Entrena a los Otros Jugadores**: No solo la IA necesita saber cómo jugar, ¡también necesitas ayudar a las personas en la empresa a entenderla! Enséñales cómo trabajar junto con la IA y cómo aprovechar su inteligencia.

5. **Partidos en Vivo**: Ahora, la IA está lista para jugar en vivo en el equipo de la empresa. Asegúrate de que todo esté funcionando bien y de que la IA esté haciendo jugadas inteligentes en el negocio.

6. **Mejoras Constantes**: El juego nunca termina, ¿verdad? De la misma manera, siempre puedes ayudar a la empresa a mejorar. Observa cómo está funcionando la IA y sugiere formas de hacerlo aún mejor.

7. **Campeones del Juego**: A medida que la IA se convierte en una parte valiosa del equipo de la empresa, ¡puedes celebrar juntos los éxitos! Ayudaste a la empresa a jugar mejor y a tener más éxito.

Así que, en resumen, ser un consultor en implementación de IA es como ser un entrenador de equipos, pero en lugar de un juego de deportes, estás ayudando a la empresa a trabajar mejor con una IA inteligente. Ayudas a prepararla, a tomar decisiones estratégicas y a trabajar junto con las personas para lograr un gran éxito en el negocio. ¡Es como hacer que el equipo sea más inteligente y fuerte!

**Chat Bits Personalizados**: Diseña chat bits inteligentes para atención al cliente.

1. **Imagina tu Amigo Robot**: Piensa en cómo te gustaría que se vea y hable tu amigo robot. ¿Será amigable y divertido? ¿Tendrá colores especiales o una voz suave?

2. **Enseña a Hablar**: Ahora, necesitas enseñar a tu amigo robot cómo responder cuando las personas le hacen preguntas. Puedes decirle las palabras y frases que debe decir en diferentes situaciones.

3. **Entrena con Preguntas**: Imagina que estás enseñando a tu amigo robot a ser un experto en responder preguntas. Dale muchas preguntas diferentes y respuestas para que aprenda cómo ayudar a las personas.

4. **Hazlo Inteligente**: Queremos que tu amigo robot sea listo, ¿verdad? Puedes agregarle una especie de cerebro especial llamado "inteligencia artificial" para que pueda entender mejor lo que le dicen y responder de manera inteligente.

5. **Pruébalo**: Ahora, es hora de poner a tu amigo robot a prueba. Hazle preguntas como si fueras una persona y mira si responde bien y de manera amigable.

6. **Haz Mejoras**: Si notas que tu amigo robot no responde muy bien en algunas situaciones, ¡no te preocupes! Puedes hacer ajustes y mejoras para que sea aún más inteligente y útil.

7. **¡Listo para Ayudar! **: ¡Felicidades, ahora tienes tu propio chat Bot inteligente! Puedes ponerlo en el sitio web de una tienda o empresa para ayudar a las personas cuando tengan preguntas.

Así que, en resumen, crear un chat Bot personalizado es como hacer un amigo robot que puede hablar y responder preguntas como tú. Le enseñas a ser inteligente, lo pruebas y lo haces más inteligente si es necesario. Luego, lo pones a trabajar para ayudar a las personas en una tienda o negocio. ¡Es como tener tu propio ayudante robot!

## **Asistentes Virtuales**: Crea asistentes personales basados en IA.

1. **Dibuja a tu Amigo Mágico**: Primero, piensa en cómo te gustaría que se vea tu amigo mágico. Dibuja cómo sería su cara, su ropa y cómo te hace sentir cuando lo ves.

2. **Dale una Voz Especial**: Ahora, imagina cómo hablaría tu amigo mágico. ¿Tendría una voz suave o emocionante? ¿Hablaría despacio o rápido?

3. **Háblale y Enséñale**: Como si estuvieras enseñándole a tu amigo mágico a conocerte, explícale lo que le gustas y lo que necesitas. Cuéntale cómo puede ayudarte en diferentes situaciones.

4. **Hazlo Listo para Entender**: Queremos que tu amigo mágico sea muy inteligente, ¿verdad? Puedes agregarle una especie de poder especial llamado "inteligencia artificial" para que pueda entender lo que le dices y aprender cosas nuevas.

5. **Ponlo a Trabajar**: Ahora que tu amigo mágico sabe cómo eres y lo que necesitas, ponlo a trabajar. Dile lo que quieres y mira cómo te ayuda. Puede recordar cosas por ti y hacerte recomendaciones.

6. **Hazlo Más Inteligente**: Si hay cosas que tu amigo mágico no sabe o no entiende, no te preocupes. Puedes enseñarle más y hacerlo más inteligente con el tiempo.

7. **¡Disfruta de la Magia! **: ¡Listo! Ahora tienes tu propio asistente virtual mágico. Puedes hablar con él en tu teléfono o en tu computadora y te ayudará en muchas cosas.

Así que, en resumen, crear un asistente virtual es como hacer un amigo mágico que puede hablar contigo y ayudarte. Le enseñas lo que necesitas, lo haces inteligente y luego puedes disfrutar de su ayuda mágica en tu vida diaria. ¡Es como tener a tu propio ayudante mágico siempre contigo!

## **Traducción Automática**: Desarrolla soluciones para traducción de idiomas mediante IA.

1. **Elige los Idiomas**: Primero, elige qué idiomas quieres que tu máquina mágica pueda traducir. Puede ser inglés a español, o cualquier otro par de idiomas que quieras.

2. **Entrena la Máquina Mágica**: Imagina que estás enseñando a tu máquina mágica cómo hablar diferentes idiomas. Dale muchos ejemplos de palabras y oraciones en ambos idiomas para que pueda aprender cómo se ven y suenan.

3. **Guarda el Conocimiento**: La máquina mágica necesita recordar todo lo que ha aprendido. Así que, cuando le das muchos ejemplos, la máquina guarda toda esa información para usarla después.

4. **Usa la Máquina Mágica**: Cuando necesitas traducir algo, le dices a la máquina mágica lo que quieres convertir. La máquina mira su conocimiento y usa su magia para darte la traducción en el otro idioma.

5. **Hazlo Mejor**: Si la máquina mágica no traduce perfectamente, ¡no te preocupes! Puedes ayudarla dándole más ejemplos y diciéndole cómo mejorar.

6. **Más Palabras, Más Magia**: Cuantas más palabras y oraciones le des a la máquina mágica, más inteligente y mejor se volverá en la traducción.

7. **¡Traducción Mágica! **: ¡Listo! Ahora tienes tu propia máquina mágica para traducir idiomas. Puedes usarla para entender lo que dicen las personas que hablan otros idiomas.

**Generación de Contenido Automatizado**:
Crea herramientas que generen contenido
escrito o multimedia.

1. **Imagina lo que Quieres**: Piensa en qué tipo de cosas quieres que el robot haga. ¿Quieres que escriba cuentos de aventuras o haga dibujos de animales?

2. **Enseña al Robot**: Como si estuvieras enseñando a tu robot a ser creativo, le das ejemplos de historias, canciones o dibujos. Le dices cómo deben ser y cómo se ven.

3. **Hace Práctica**: Imagina que el robot está practicando como si fuera un artista o escritor. Usará los ejemplos que le diste para intentar hacer sus propias creaciones.

4. **Usa su Imaginación**: Ahora, el robot usa su imaginación para crear cosas nuevas. Puede mezclar ideas y hacer dibujos o escribir historias originales.

5. **Revisa y Ajusta**: Después de que el robot crea algo, puedes revisarlo y decirle si te gusta o si necesitas cambios. Siempre puedes hacer ajustes para que sea aún mejor.

6. **Hace Más y Mejor**: Cuanto más el robot practique y haga cosas, más inteligente y creativo se volverá. Podrá hacer dibujos y escribir historias cada vez más geniales.

7. **¡Creatividad Automática! **: ¡Listo! Ahora tienes un robot creativo que puede hacer dibujos, escribir historias y mucho más. Puedes usarlo para ayudarte a hacer cosas creativas.

# **Predicción de Mercado**: Desarrolla modelos AI para predecir tendencias del mercado financiero.

1. **Observa el Pasado**: Imagina que miras muchos días de clima anteriores para entender cómo cambió. En el mercado financiero, mirarás cómo las cosas como las acciones y el dinero cambiaron en el pasado.

2. **Encuentra Patrones**: Como el adivino del clima que ve patrones en las nubes, mirarás los números y gráficos del mercado para encontrar formas en que cambian en ciertos momentos.

3. **Haz un Modelo**: Ahora, como si estuvieras haciendo un juego de adivinanzas, haces un modelo con la ayuda de una computadora. Este modelo toma todos los patrones que encontraste y trata de adivinar cómo podría cambiar el mercado en el futuro.

4. **Entrena al Modelo**: Imagina que enseñas a tu adivino del clima cómo leer las señales del cielo. Con el modelo, le das ejemplos de cómo se vieron los cambios en el pasado y le dices qué significa cada cosa.

5. **Haz Predicciones**: Ahora que el modelo sabe cómo funciona el mercado, lo usas para adivinar lo que podría pasar en el futuro. Te dice si piensa que el mercado subirá o bajará.

6. **Compara con la Realidad**: Como cuando miras si el clima fue como lo predijiste, miras si el mercado financiero hizo lo que dijo tu modelo. Compruebas si adivinó bien o si necesitas ajustar el modelo.

7. **Mejora y Aprende**: Si tu modelo no acierta siempre, no te preocupes. Puedes hacerlo mejor dando más ejemplos y enseñándole más cosas.

8. **Adivinando Mejor**: Con el tiempo, tu modelo se volverá mejor y adivinará con más precisión cómo cambiará el mercado financiero.

## **Optimización de Logística**: Ayuda a empresas a optimizar sus cadenas de suministro con IA.

1. **Observa la Ruta**: Como el capitán del barco que mira el mapa, necesitas observar cómo las cosas se mueven en la empresa. Eso significa ver cómo los productos van de un lugar a otro, como si fueran barcos en el mar.

2. **Haz un Plan Inteligente**: Ahora, imagina que tienes una supercomputadora inteligente que te ayuda a hacer un plan. Esta supercomputadora, llamada inteligencia artificial, piensa en diferentes formas de mover cosas y encuentra la manera más rápida y económica.

3. **Aprende de Antes**: La inteligencia artificial recuerda cómo funcionaron los planes anteriores y cómo funcionaron las rutas en el pasado. Esto la ayuda a tomar decisiones más inteligentes.

4. **Decide con Lógica**: Como el capitán del barco, la inteligencia artificial decide cuál es la mejor manera de mover las cosas. Puede pensar en muchas opciones y elige la que parece más eficiente.

5. **Mejora con el Tiempo**: Cada vez que usas la inteligencia artificial, ¡se vuelve más inteligente! Aprende de sus decisiones pasadas y usa esa información para tomar decisiones aún mejores en el futuro.

6. **Ponlo en Acción**: Después de que la inteligencia artificial te dé el plan, lo pones en acción. Ayudas a las empresas a cambiar la forma en que hacen las cosas para que sea más rápida y eficiente.

7. **Resultados Mejores**: Cuando las empresas usan el plan de la inteligencia artificial, ven que las cosas se mueven de manera más suave y rápida. Es como si tu barco navegara en aguas tranquilas.

## **Reconocimiento de Imágenes y Vídeo**: Desarrolla sistemas para identificar objetos y patrones en imágenes o vídeos.

1. **Colecciona Imágenes y Videos**: Como el detective, necesitas muchas fotos y videos diferentes para que tu lupa mágica pueda aprender de ellas.

2. **Entrena a la Lupa Mágica**: Ahora, imagina que enseñas a tu lupa mágica cómo se ven diferentes cosas. Le muestras muchas fotos de perros, gatos, árboles y más, y le dices cómo se llaman.

3. **Guarda el Conocimiento**: Tu lupa mágica necesita recordar lo que has enseñado. Al igual que un cuaderno donde anotas cosas importantes, la lupa guarda todo lo que aprende de las imágenes y los nombres.

4. **Busca las Cosas**: Cuando le muestras una nueva imagen o video a la lupa mágica, ¡la mira con atención! Luego, busca en su cuaderno mágico para ver si puede encontrar algo que reconozca.

5. **Identifica Objetos y Patrones**: La lupa mágica es muy inteligente. Puede decirte si ve un perro, un gato o incluso un coche en la imagen. También puede reconocer patrones, como si estuviera resolviendo un misterio.

6. **Mejora su Vista**: Si la lupa mágica no reconoce algo al principio, ¡no te preocupes! Puedes enseñarle más y hacerla más inteligente para que pueda identificar más cosas con el tiempo.

7. **Muestra su Magia**: ¡Listo! Ahora tienes tu propia lupa mágica que puede reconocer cosas en imágenes y videos. Puedes usarla para encontrar objetos, patrones y mucho más.

## **Medicina Diagnóstica**: Crea soluciones de diagnóstico médico asistidas por IA.

1. **Colecciona Datos Médicos**: Como el médico, necesitas recopilar información sobre cómo se sienten las personas, sus síntomas y pruebas médicas como rayos X y análisis de sangre.

2. **Enseña a la Lupa Mágica**: Ahora, imagina que le enseñas a tu lupa mágica cómo funcionan los cuerpos humanos. Le muestras imágenes de órganos y tejidos y le dices qué cosas podrían estar mal si alguien está enfermo.

3. **Guarda el Conocimiento**: La lupa mágica necesita recordar todo lo que has enseñado. Al igual que un libro de hechizos, guarda esa información para usarla cuando sea necesario.

4. **Observa y Analiza**: Cuando le das información médica a la lupa mágica, ¡la mira detenidamente! Luego, usa su conocimiento para decirte si ve algo raro o si hay un problema médico.

5. **Ayuda al Diagnóstico**: La lupa mágica es muy inteligente. Puede ayudarte a encontrar enfermedades o problemas en el cuerpo de las personas, como si estuviera haciendo un misterio médico.

6. **Aprende de los Casos**: Si la lupa mágica no está segura al principio, ¡no te preocupes! Puedes darle más información y enseñarle sobre casos médicos reales para que pueda mejorar.

7. **Comparte su Sabiduría**: ¡Listo! Ahora tienes tu propia lupa mágica que puede ayudar a los médicos a diagnosticar problemas de salud. Puedes usarla para tomar decisiones médicas más informadas.

## **Investigación Farmacéutica**: Utiliza IA para acelerar el descubrimiento de nuevos medicamentos.

Imagina que eres un científico curioso que quiere encontrar fórmulas mágicas para ayudar a las personas a sentirse mejor. Vamos a ver cómo puedes usar la inteligencia artificial (IA) para hacerlo:

1. **Colecciona Información Mágica**: Como el científico curioso, necesitas recopilar información sobre cómo funcionan los cuerpos y las enfermedades. Reúnes datos y detalles importantes.

2. **Enseña a la Computadora Curiosa**: Ahora, imagina que enseñas a tu computadora cómo se hacen los medicamentos. Le dices sobre las sustancias químicas y cómo podrían trabajar juntas para hacer algo bueno.

3. **Guarda el Conocimiento**: La computadora curiosa guarda toda la información que le das, como si tuviera un libro de hechizos especial. Esto la ayudará a recordar y aprender.

4. **Hace Experimentos Virtuales**: La computadora curiosa usa la información que le diste para hacer experimentos mágicos en su mente. Ella piensa en diferentes combinaciones de sustancias químicas para crear nuevos medicamentos.

5. **Descubre Fórmulas Mágicas**: La computadora curiosa podría encontrar algunas fórmulas mágicas (o sea, nuevos medicamentos) que podrían ayudar a tratar enfermedades.

6. **Prueba y Mejora**: Aunque las fórmulas mágicas son emocionantes, es importante asegurarse de que realmente funcionen. Puedes probarlas en simulaciones o en la vida real y hacer ajustes si es necesario.

7. **Comparte con Otros Científicos**: Si encuentras una fórmula mágica que podría funcionar, puedes compartir tu descubrimiento con otros científicos y médicos para que también puedan aprender y ayudar.

8. **Crea Nuevos Medicamentos**: Finalmente, si todo va bien, podrías tener nuevos medicamentos que ayuden a las personas a sentirse mejor y a sanar.

En resumen, usar la IA para la investigación farmacéutica es como tener un compañero científico curioso y mágico. Le enseñas, haces experimentos virtuales y juntos descubren fórmulas mágicas para hacer nuevos medicamentos. ¡Es como encontrar nuevas formas de ayudar a las personas a estar saludables!

# **Robótica Inteligente**: Diseña robots y máquinas controlados por IA.

Imagina que eres un inventor creativo que construye robots inteligentes que pueden hacer tareas especiales. Vamos a ver cómo puedes hacerlo:

1. **Imagina Tu Robot**: Piensa en cómo te gustaría que se vea tu robot. ¿Será pequeño o grande? ¿Tendrá brazos y piernas? ¡Dale vida a tu imaginación!

2. **Dibuja el Plan**: Como un artista que hace un dibujo antes de pintar, haz un dibujo de cómo será tu robot. Piensa en las partes que necesita y cómo funcionarán juntas.

3. **Reúne las Piezas**: Como si estuvieras armando un rompecabezas, reúne todas las piezas que necesitas para construir tu robot. Puedes usar cosas como cables, motores y sensores especiales.

4. **Enseña a Tu Robot**: Imagina que eres un profesor y estás enseñando a tu robot cómo hacer cosas. Le dices cómo moverse, cómo agarrar objetos y cómo escuchar comandos.

5. **Agrega su Cerebro**: Ahora, como si le dieras a tu robot un cerebro súper inteligente, agrega una parte llamada "inteligencia artificial". Esto hará que tu robot pueda aprender y tomar decisiones por sí mismo.

6. **Prueba y Juega**: Después de armar tu robot y enseñarle, pruébalo. ¡Juega con él y mira cómo responde a lo que le dices!

7. **Mejora y Ajusta**: Si notas que tu robot no hace algo bien, ¡no te preocupes! Puedes hacer ajustes y mejoras para que funcione aún mejor.

8. **¡Robots Inteligentes en Acción! **: ¡Listo! Ahora tienes tu propio robot inteligente. Puede moverse, hacer tareas y aprender cosas nuevas gracias a la inteligencia artificial que le diste.

En resumen, desarrollar robótica inteligente es como crear tu propio amigo robot. Lo diseñas, le enseñas, le das un cerebro inteligente y luego puedes verlo moverse y hacer cosas especiales. ¡Es como dar vida a tus ideas y verlas en acción!

## **Realidad Aumentada y Virtual**: Crea experiencias de RA y RV impulsadas por IA.

Imagina que eres un mago que puede mezclar el mundo real con un mundo mágico que solo puedes ver con una varita especial. Vamos a ver cómo usar esa varita mágica para crear experiencias de realidad aumentada (RA) y realidad virtual (RV) con la ayuda de la inteligencia artificial (IA):

1. **Crea un Mundo Mágico**: Imagina que tienes un mundo especial que solo puedes ver usando unas gafas mágicas o un dispositivo especial. Este mundo es como un juego mágico que puedes explorar.

2. **Agrega Objetos y Personajes**: Como el mago, puedes añadir cosas divertidas al mundo mágico. Puedes poner objetos como casas y árboles, o incluso crear personajes mágicos que te hablen.

3. **Habla con la Varita Mágica**: Ahora, imagina que tienes una varita mágica llamada "inteligencia artificial". Le dices a la varita lo que quieres que pase en el mundo mágico.

4. **Haz Magia con la IA**: La varita mágica, o sea la IA, toma tus deseos y hace que cosas asombrosas sucedan en el mundo mágico. Puede hacer que los personajes se muevan, que los objetos cambien y mucho más.

5. **Explora y Juega**: Con las gafas mágicas o el dispositivo especial, puedes entrar al mundo mágico y explorar. Puedes moverte, tocar cosas y jugar en este mundo que creaste.

6. **Aprende de Ti**: La varita mágica (IA) también aprende de ti. Si le dices que te gusta algo o que no te gusta, recordará para la próxima vez y hará que las cosas sean aún más emocionantes.

7. **Comparte la Magia**: Puedes mostrarles a otras personas cómo funciona tu mundo mágico. Pueden usar las gafas mágicas o el dispositivo especial para ver y jugar también.

En resumen, desarrollar experiencias de realidad aumentada y virtual impulsadas por IA es como crear tu propio mundo mágico que puedes explorar usando gafas especiales. La inteligencia artificial actúa como una varita mágica que hace que las cosas sucedan en ese mundo, y puedes compartir la magia con otros para que también se diviertan. ¡Es como ser un mago tecnológico y crear diversión en la realidad virtual y aumentada!

## **Seguridad Cibernética**: Desarrolla soluciones AI para detectar y prevenir amenazas en línea.

Imagina que eres un súper héroe que protege una ciudad digital contra los malos que intentan robar información. Vamos a ver cómo usar tus súper poderes para desarrollar soluciones de seguridad cibernética con la ayuda de la inteligencia artificial (IA):

1. **Observa el Mundo Digital**: Como el súper héroe, necesitas observar cómo se comportan las personas y las cosas en el mundo digital. Esto incluye sitios web, correos electrónicos y archivos en línea.

2. **Entrena a tu Detector Súper**: Imagina que tienes un perro súper entrenado que puede oler cosas malas. En este caso, tu perro es una parte especial de la IA que aprende a detectar señales de peligro en línea.

3. **Guarda el Conocimiento**: Tu perro súper entrenado (IA) necesita recordar lo que ha aprendido. Al igual que un diario donde escribes cosas importantes, guarda esa información para usarla cuando sea necesario.

4. **Busca las Señales Malas**: Cuando le das información en línea a tu perro súper entrenado, ¡lo mira con atención! Busca pistas que podrían indicar que algo malo está sucediendo.

5. **Detecta Amenazas**: Tu perro súper entrenado (IA) puede decirte si encuentra algo sospechoso o peligroso en línea, como si te alertara sobre un villano en la ciudad.

6. **Protege contra Ataques**: Imagina que tu perro súper entrenado sabe cómo bloquear a los villanos. La IA puede ayudar a bloquear sitios web o correos electrónicos maliciosos para mantener a salvo a las personas.

7. **Aprende de Experiencias**: Si tu perro súper entrenado (IA) se encuentra con una amenaza nueva, ¡puede aprender de eso! A medida que enfrenta más desafíos, se vuelve aún mejor en proteger.

8. **Mantén la Ciudad Digital Segura**: ¡Listo! Ahora tienes a tu perro súper entrenado (IA) que te ayuda a proteger la ciudad digital contra amenazas en línea. Puedes mantener seguras las computadoras y la información.

En resumen, desarrollar soluciones de seguridad cibernética es como ser un súper héroe que protege la ciudad digital. Usas la inteligencia artificial como tu compañero súper entrenado para detectar y prevenir amenazas maliciosas en línea. ¡Es como tener un guardián digital que te ayuda a mantener seguros tus datos y tu información!

## **Publicidad Dirigida**: Ofrece campañas publicitarias personalizadas basadas en IA.

1. **Conoce a las Personas**: Como el mago curioso, necesitas saber sobre las personas y lo que les gusta. Aprendes qué cosas prefieren y cómo se comportan en línea.
2. **Enseña al Sombrero Mágico**: Imagina que le cuentas a tu sombrero mágico todo lo que sabes sobre las personas. Les dices qué les gusta, qué buscan y qué tipos de anuncios podrían interesarles.
3. **Guarda la Información**: Tu sombrero mágico (IA) guarda toda la información que le diste, como si fuera una hoja mágica en la que escribiste todo.
4. **Crea Anuncios Mágicos**: Cuando le dices al sombrero mágico a quién quieres mostrar un anuncio, ¡hace magia! Crea anuncios especiales que se ajustan a las preferencias de cada persona.

5. **Muestra los Anuncios**: Tu sombrero mágico decide cuándo y dónde mostrar los anuncios a las personas. Asegura que los anuncios sean relevantes y emocionantes.

6. **Aprende de las Respuestas**: Si las personas interactúan con los anuncios, ¡tu sombrero mágico lo nota! Aprende qué anuncios funcionan mejor y cómo puede hacer que los futuros anuncios sean aún más mágicos.

7. **Hace Sonreír a las Personas**: Los anuncios mágicos pueden hacer sonreír a las personas porque les muestran cosas que realmente les interesan. Es como si tu sombrero mágico supiera lo que a cada persona le gusta.

## **Automatización de Marketing**: Ayuda a las empresas a automatizar sus estrategias de marketing con IA.

1. **Observa el Circo**: Como el director de circo, miras todas las cosas que suceden, como los trucos de los malabaristas, los payasos y las luces brillantes.
2. **Enseña a los Ayudantes**: Imagina que tienes ayudantes mágicos que pueden aprender tus trucos. Les dices cómo deben hacer cada actuación y cómo hacer que las luces brillen en el momento adecuado.
3. **Guarda las Instrucciones**: Tus ayudantes mágicos (IA) recuerdan todas las instrucciones que les diste. Es como si tuvieran un cuaderno mágico donde anotan todo.
4. **Ejecuta las Actuaciones**: Cuando llega el momento del espectáculo, tus ayudantes mágicos hacen que los trucos sucedan automáticamente. Los malabaristas lanzan sus pelotas, los payasos hacen reír a la gente y las luces brillan en el momento perfecto.
5. **Aprende de los Trucos**: Si hay un truco que a la gente le gusta mucho, tus ayudantes mágicos lo recuerdan. Aprenden qué cosas funcionan mejor y cómo pueden hacer que el espectáculo sea aún más emocionante.
6. **Hace Sonreír a la Gente**: Con la ayuda de tus ayudantes mágicos (IA), el circo se vuelve muy emocionante y divertido. La gente sonríe y se divierte viendo todas las actuaciones geniales.

7. **Muestra el Espectáculo Perfecto**: ¡Listo! Ahora tienes tu propio circo automatizado donde todas las actuaciones suceden automáticamente. Puedes ayudar a las empresas a automatizar sus estrategias de marketing de la misma manera.

## **Análisis de Sentimiento**: Desarrolla herramientas que analicen el sentimiento en redes sociales y opiniones en línea.

1. **Lee Palabras Mágicas**: Como el detector de emociones, lees las palabras que las personas escriben en las redes sociales y en opiniones en línea. Estas palabras pueden decirte si están contentas, tristes, enojadas o emocionadas.

2. **Aprende de las Emociones**: Imagina que tienes un libro especial donde anotas cómo suenan las diferentes emociones en las palabras. Aprendes qué palabras suelen usarse cuando alguien está feliz, triste, enojado o emocionado.

3. **Guarda el Conocimiento**: Tu libro especial (herramienta de análisis) guarda toda la información que aprendiste sobre las emociones y las palabras. Puedes usarlo cada vez que necesitas entender cómo se sienten las personas.

4. **Escucha en Línea**: Cuando le das palabras en línea a tu herramienta de análisis, ¡ella escucha atentamente! Busca las palabras que te dicen qué emoción está detrás de ellas.

5. **Identifica las Emociones**: Tu herramienta de análisis puede decirte si las personas están felices, tristes, enojadas o emocionadas según las palabras que usan. Es como si tuviera una varita mágica para entender las emociones en línea.

6. **Mejora su Entendimiento**: A medida que tu herramienta de análisis aprende más, se vuelve mejor para entender las emociones. Puede reconocer patrones y entender las emociones de manera más precisa.

7. **Ayuda a las Personas y Empresas**: Al entender cómo se sienten las personas en línea, tu herramienta de análisis ayuda a las personas y a las empresas a saber lo que piensan los demás. Esto puede ser útil para tomar decisiones y mejorar.

**Juegos con IA**: Crea videojuegos que utilicen técnicas de IA para la jugabilidad.

*Imagina que eres un mago que crea juegos increíbles usando hechizos mágicos especiales. Vamos a ver cómo usar tus hechizos mágicos para desarrollar juegos con inteligencia artificial (IA):*

*1. **Imagina Tu Mundo Mágico**: Como el mago creativo, piensa en un mundo mágico lleno de aventuras emocionantes y desafíos divertidos. Decide cómo se verá y cómo funcionarán las cosas.*

*2. **Agrega Personajes Mágicos**: Imagina que puedes dar vida a personajes mágicos en tu mundo. Pueden ser héroes valientes, monstruos asombrosos o incluso animales parlantes.*

*3. **Enseña a los Personajes**: Como un maestro que enseña trucos, le enseñas a tus personajes mágicos cómo moverse, saltar y hacer cosas especiales en el juego.*

*4. **Hazlos Inteligentes**: Aquí es donde entra la magia de la inteligencia artificial. Imagina que les das a tus personajes mágicos una chispa especial que los hace pensar y tomar decisiones por sí mismos. Pueden reaccionar a lo que los jugadores hacen y adaptarse al juego.*

5. **Crea Desafíos Épicos**: Diseña desafíos y rompecabezas que los jugadores deben resolver. Los personajes mágicos con IA pueden ayudar a hacer que los desafíos sean emocionantes y diferentes cada vez.

6. **Juega y Aprende**: Prueba el juego tú mismo y con amigos para asegurarte de que sea divertido y emocionante. A medida que juegas, aprendes qué partes funcionan bien y cuáles podrían mejorar.

7. **Refina Tu Magia**: Usa tus hechizos mágicos para hacer ajustes y mejoras en el juego. Puedes hacer que los personajes con IA sean aún más inteligentes y los desafíos más emocionantes.

8. **¡Juega y Diviértete! **: ¡Listo! Ahora tienes tu propio juego mágico con inteligencia artificial. Los personajes piensan y toman decisiones, lo que hace que el juego sea emocionante y lleno de sorpresas.

En resumen, desarrollar juegos con IA es como ser un mago que crea mundos y personajes emocionantes. Les enseñas, les das una pizca de inteligencia artificial para que piensen y tomen decisiones, y luego creas desafíos divertidos para los jugadores. ¡Es como crear tu propio mundo mágico lleno de diversión y emoción!

**Educación Personalizada**: Diseña plataformas educativas que adapten el contenido con base en el rendimiento del estudiante.

Imagina que eres un profesor mágico que tiene una varita especial que sabe exactamente cómo ayudar a cada estudiante a aprender de la mejor manera. Vamos a ver cómo usar tu varita mágica para desarrollar plataformas educativas con educación personalizada y la ayuda de la tecnología:

1. **Conoce a tus Estudiantes**: Como el profesor mágico, necesitas saber qué cosas les gustan a tus estudiantes y cómo aprenden mejor. Aprendes sobre sus habilidades y lo que necesitan aprender.

2. **Habla con tu Varita Mágica**: Imagina que tienes una varita mágica especial que entiende a cada estudiante como si pudiera leer sus pensamientos. Le dices a la varita sobre cada estudiante y cómo pueden aprender mejor.

3. **Guarda el Conocimiento**: Tu varita mágica (tecnología) guarda toda la información que le diste, como si fuera un libro de hechizos especial.

4. **Adapta el Aprendizaje**: Cuando los estudiantes usan la plataforma educativa, tu varita mágica hace magia y adapta el contenido. Les muestra lecciones que son perfectas para ellos, como si cada lección estuviera hecha a medida.

5. **Aprende de los Estudiantes**: Tu varita mágica también aprende de los estudiantes. Si a un estudiante le va bien en una lección, recordará eso y ayudará a que aprenda cosas aún más emocionantes.

6. **Hace el Aprendizaje Divertido**: Con la ayuda de tu varita mágica, aprender se vuelve emocionante. Los estudiantes disfrutan de las lecciones y pueden explorar cosas nuevas de manera divertida.

7. **Ayuda a Cada Estudiante**: Tu plataforma educativa personalizada ayuda a cada estudiante a aprender de la mejor manera. Pueden mejorar en las cosas que son difíciles y avanzar a su propio ritmo.

8. **¡Aprende y Crece! **: ¡Listo! Ahora tienes tu propia varita mágica (tecnología) que ayuda a los estudiantes a aprender de manera personalizada. Pueden usar la plataforma para aprender, mejorar y crecer.

En resumen, desarrollar educación personalizada es como tener un profesor mágico que sabe exactamente cómo ayudar a cada estudiante a aprender. La tecnología actúa como tu varita mágica que adapta las lecciones y hace que el aprendizaje sea emocionante y único para cada estudiante. ¡Es como tener un compañero mágico que te ayuda a aprender de la mejor manera posible!

**Detección de Fraude Financiero**: Desarrolla sistemas de detección de fraudes en transacciones financieras.

Imagina que eres un detective inteligente que protege el dinero y asegura que nadie haga trucos malos con él. Vamos a ver cómo usar tus habilidades de detective para desarrollar sistemas de detección de fraudes en transacciones financieras con la ayuda de la tecnología:

1. **Observa las Transacciones**: Como el detective financiero, miras todas las transacciones de dinero que suceden. Esto incluye cuando las personas compran cosas, mueven dinero o hacen pagos.

2. **Aprende de los Comportamientos**: Imagina que tienes una libreta especial donde anotas cómo se ven las transacciones normales. Aprendes cómo se comportan las transacciones cuando todo está bien.

3. **Guarda el Conocimiento**: Tu libreta especial (sistema de detección) guarda toda la información que aprendiste sobre las transacciones normales. Es como si fuera un archivo de pistas importantes.

4. **Analiza los Patrones**: Cuando miras las transacciones, ¡usas tus habilidades de detective! Buscas patrones extraños o comportamientos que no se ven normales.

5. **Detecta Señales de Fraude**: Tu sistema de detección puede decirte si una transacción parece sospechosa o si hay señales de que podría ser un truco. Es como si tuvieras un radar para el dinero malo.

6. **Aprende de los Trucos**: Si encuentras un truco nuevo, tu sistema de detección aprende de eso. A medida que enfrenta más desafíos, se vuelve aún mejor para detectar trucos futuros.

7. **Mantiene el Dinero Seguro**: Con la ayuda de tu sistema de detección, el dinero se mantiene seguro. Puede bloquear transacciones sospechosas y evitar que los trucos malos sucedan.

8. **Protege a las Personas y Empresas**: Al detectar fraudes, tu sistema de detección ayuda a proteger a las personas y a las empresas. Asegura que el dinero se use de manera honesta y segura.

En resumen, desarrollar sistemas de detección de fraudes financieros es como ser un detective inteligente que protege el dinero. Usas la tecnología como tu herramienta de detección para encontrar patrones extraños y trucos malos en las transacciones financieras. ¡Es como tener un guardián mágico que asegura que el dinero esté a salvo y no caiga en manos equivocadas!

**Automatización de Atención al Cliente**: Crea sistemas de atención al cliente automatizados impulsados por IA.

Imagina que eres un asistente mágico que ayuda a las personas con sus preguntas y problemas, ¡pero lo haces de manera automática y súper rápida! Vamos a ver cómo usar tus habilidades mágicas para desarrollar sistemas de atención al cliente automatizados con la ayuda de la inteligencia artificial (IA):

1. **Escucha a las Personas**: Como el asistente mágico, escuchas a las personas cuando tienen preguntas o problemas. Pueden ser sobre productos, servicios o cualquier cosa que necesiten.

2. **Enseña a Tu Varita Mágica**: Imagina que tienes una varita mágica especial que puede aprender de lo que las personas dicen. Le cuentas todo lo que sabes para que pueda ayudar a responder las preguntas.

3. **Guarda la Información**: Tu varita mágica (IA) guarda toda la información importante que le diste, como si tuviera una memoria increíble.

4. **Responde Rápidamente**: Cuando alguien tiene una pregunta y se comunica con el sistema de atención al cliente, tu varita mágica responde instantáneamente. Ofrece soluciones y respuestas útiles.

5. **Aprende de las Conversaciones**: A medida que la varita mágica tiene más conversaciones, aprende cómo responder mejor. Puede entender lo que las personas necesitan y mejorar sus respuestas.

6. **Resuelve Problemas Mágicos**: Tu sistema de atención al cliente automatizado resuelve problemas como si fuera magia. Puede ayudar a las personas a encontrar soluciones y guiarlas a través de situaciones complicadas.

7. **Está Disponible Siempre**: Imagina que tu varita mágica está siempre lista para ayudar, incluso cuando los humanos no están trabajando. Pueden obtener respuestas incluso en la noche o los fines de semana.

8. **Hace Sonreír a las Personas**: Con la ayuda de tu sistema automatizado, las personas obtienen respuestas rápidas y soluciones. ¡Es como tener un amigo mágico que siempre está allí para ayudar!

En resumen, desarrollar sistemas de atención al cliente automatizados es como tener un asistente mágico que responde preguntas y resuelve problemas de manera rápida y automática. La inteligencia artificial en tu varita mágica aprende de las conversaciones y hace que la experiencia de atención al cliente sea sencilla y eficiente. ¡Es como tener un compañero mágico que hace sonreír a las personas cuando más lo necesitan!

**Recomendación de Contenido**: Desarrolla algoritmos de recomendación de contenido basados en IA.

Te explicaré de manera sencilla cómo desarrollar algoritmos de recomendación de contenido basados en inteligencia artificial (IA). Imagina que eres un mago de la diversión que siempre sabe qué juegos y actividades le gustarán a cada persona. Vamos a ver cómo usar tus poderes mágicos para desarrollar algoritmos de recomendación:

1. **Observa a las Personas Mágicas**: Como el mago de la diversión, observas lo que hacen y lo que les gusta a las personas. Pueden ser películas, música, juegos o cualquier cosa entretenida.

2. **Guarda sus Gustos Mágicos**: Imagina que tienes una libreta especial donde anotas los gustos de cada persona. Aprendes sobre sus preferencias y lo que disfrutan.

3. **Habla con tus Amigos Algoritmos**: Tienes amigos especiales llamados algoritmos. Les cuentas todo sobre los gustos de las personas y cómo disfrutan su tiempo.

4. **Guarda el Conocimiento en los Algoritmos**: Los algoritmos (tecnología) guardan toda la información que les diste, como si tuvieran una memoria mágica.

5. **Hacen Magia de Recomendación**: Cuando una persona quiere algo divertido para hacer, los algoritmos hacen magia. Utilizan la información que les diste para recomendar películas, música, juegos u otras actividades emocionantes.

6. **Aprenden de las Elecciones Mágicas**: Si la persona elige una recomendación y le gusta, ¡los algoritmos lo notan! Aprenden qué tipos de cosas hacen sonreír a cada persona.

7. **Hacen Sonreír a las Personas**: Los algoritmos de recomendación hacen que las personas sonrían al sugerir cosas que realmente les interesan. Es como si tuvieras un amigo mágico que siempre sabe qué hacer para divertirse.

8. **¡Explora y Disfruta! **: ¡Listo! Ahora tienes tus amigos algoritmos que ayudan a las personas a encontrar contenido emocionante. Pueden explorar cosas nuevas y disfrutar de lo que les gusta.

En resumen, desarrollar algoritmos de recomendación de contenido es como tener amigos mágicos que saben exactamente qué contenido divertido recomendar a cada persona. La tecnología actúa como tus amigos algoritmos que aprenden sobre los gustos y hacen recomendaciones emocionantes. ¡Es como tener un compañero mágico que siempre sabe cómo hacer sonreír a las personas con cosas que les encantan!

## **Agricultura de Precisión**: Utiliza IA para optimizar el cultivo y la gestión agrícola.

Te lo explicaré de manera simple. Imagina que eres un granjero que tiene una planta mágica que te dice exactamente lo que cada planta necesita para crecer feliz y saludable. Vamos a ver cómo usar tu planta mágica para desarrollar la agricultura de precisión con la ayuda de la inteligencia artificial (IA):

1. **Conoce tus Campos Mágicos**: Como el granjero curioso, conoces tus campos y plantas muy bien. Sabes cómo crecen y qué necesitan para estar saludables.

2. **Habla con tu Planta Mágica**: Imagina que tienes una planta mágica que puede entender a tus cultivos. Le cuentas sobre tus plantas y cómo están creciendo.

3. **Guarda el Conocimiento**: Tu planta mágica (IA) guarda toda la información que le diste, como si tuviera una memoria mágica.

4. **Analiza las Necesidades**: Cuando miras tus campos, ¡usas tus poderes de granjero y tu planta mágica! Observas las plantas y analizas sus necesidades, como agua, nutrientes y protección.

5. **Da Consejos Mágicos**: Tu planta mágica te da consejos precisos sobre cómo cuidar tus cultivos. Puede decirte cuánta agua necesitan, cuándo aplicar nutrientes y cómo protegerlas de plagas.

6. **Aprende de las Estaciones Mágicas**: A medida que pasa el tiempo, tu planta mágica aprende de las estaciones y de cómo cambian tus cultivos. Puede adaptar sus consejos para cada temporada.

7. **Cosecha Recompensas Mágicas**: Con la ayuda de tu planta mágica, obtienes cosechas abundantes y saludables. Tus cultivos crecen felices y fuertes.

8. **Cuida la Tierra Mágica**: Además, tu planta mágica también te ayuda a cuidar la tierra y el medio ambiente. Puede sugerir prácticas sostenibles para mantener la tierra saludable.

En resumen, desarrollar la agricultura de precisión es como tener una planta mágica que te guía en el cuidado de tus cultivos. La inteligencia artificial en tu planta mágica aprende y ofrece consejos precisos para optimizar el cultivo y la gestión agrícola. ¡Es como tener un amigo mágico que te ayuda a lograr cosechas maravillosas y cuidar la tierra de manera sostenible!

**Predicción del Clima**: Crea modelos de pronóstico climático basados en IA.

*cómo desarrollar modelos de pronóstico climático basados en inteligencia artificial (IA). Imagina que eres un explorador que puede leer las señales del cielo y predecir el tiempo con precisión. Vamos a ver cómo usar tus habilidades de explorador para desarrollar modelos de predicción del clima con la ayuda de la tecnología:*

*1. **Observa los Cielos**: Como el explorador curioso, observas el cielo, las nubes y el viento. Estás atento a las señales que te indican cómo podría ser el clima en el futuro.*

*2. **Habla con Tu Mapa Mágico**: Imagina que tienes un mapa mágico especial que puede aprender de tus observaciones. Le cuentas sobre las señales que viste en el cielo y cómo se siente el aire.*

*3. **Guarda el Conocimiento en el Mapa**: Tu mapa mágico (IA) guarda toda la información que le diste, como si fuera un libro de registros meteorológicos.*

*4. **Analiza las Señales del Cielo**: Cuando miras las señales del cielo, ¡usas tu conocimiento de explorador y tu mapa mágico! Buscas patrones en las nubes, la dirección del viento y otras pistas.*

5. **Predice el Clima Mágico**: Con la ayuda de tu mapa mágico, puedes predecir cómo será el clima en los próximos días. Puede decir si lloverá, hará sol o habrá viento fuerte.

6. **Aprende de las Predicciones Mágicas**: A medida que observas el clima real y comparas tus predicciones, tu mapa mágico aprende y mejora. Puede hacer predicciones más precisas con el tiempo.

7. **Ayuda a las Personas a Prepararse**: Tus predicciones del clima ayudan a las personas a prepararse. Pueden tomar paraguas si lloverá o vestirse abrigados si hará frío.

8. **Protege a la Naturaleza Mágica**: Además, tu mapa mágico también puede ayudar a tomar decisiones para proteger la naturaleza y el medio ambiente en caso de condiciones climáticas extremas.

En resumen, desarrollar modelos de predicción del clima es como ser un explorador que puede predecir el tiempo observando las señales del cielo. La tecnología actúa como tu mapa mágico que aprende de tus observaciones y ofrece predicciones climáticas precisas. ¡Es como tener un amigo mágico que te ayuda a estar preparado para cualquier tipo de clima!

**Aplicaciones de Viaje Inteligentes**:
Desarrolla aplicaciones que ofrezcan
recomendaciones personalizadas de viaje.

Te explicaré cómo desarrollar aplicaciones de viaje inteligentes que brinden recomendaciones personalizadas para los viajeros. Imagina que eres un guía de viajes mágico que conoce los lugares perfectos para cada persona. Vamos a ver cómo usar tus poderes mágicos para desarrollar estas aplicaciones con la ayuda de la tecnología:

1. **Conoce a los Viajeros**: Como el guía mágico, aprendes sobre los gustos y preferencias de cada viajero. Descubres qué tipos de lugares les gustan, cómo disfrutan sus vacaciones y qué buscan en un viaje.

2. **Habla con Tu Mapa Mágico**: Imagina que tienes un mapa mágico especial que entiende los deseos de cada viajero. Le cuentas sobre los lugares que aman y cómo quieren que sea su viaje.

3. **Guarda el Conocimiento**: Tu mapa mágico (tecnología) guarda toda la información que le diste, como si fuera un diario de viaje.

4. **Explora Opciones Mágicas**: Cuando buscas destinos y actividades para un viajero, ¡usas tu conocimiento y tu mapa mágico! Buscas opciones emocionantes y únicas.

5. **Ofrece Recomendaciones Personalizadas**: Con la ayuda de tu mapa mágico, puedes ofrecer recomendaciones que se adaptan perfectamente a cada viajero. Les dices dónde ir, qué hacer y cómo disfrutar al máximo.

6. **Aprende de las Experiencias Mágicas**: A medida que los viajeros usan las recomendaciones y regresan de sus aventuras, tu mapa mágico aprende de sus experiencias. Puede hacer recomendaciones aún mejores en el futuro.

7. **Hace Viajes Inolvidables**: Tus aplicaciones de viaje inteligentes hacen que cada viaje sea especial y único. Ayudan a los viajeros a descubrir lugares increíbles y vivir experiencias inolvidables.

8. **Comparte Sonrisas Mágicas**: Además, tus aplicaciones también pueden ayudar a los viajeros a conectarse con otros viajeros, compartir fotos y crear recuerdos mágicos.

En resumen, desarrollar aplicaciones de viaje inteligentes es como ser un guía mágico que personaliza cada viaje para los viajeros. La tecnología actúa como tu mapa mágico que aprende de las preferencias y ofrece recomendaciones emocionantes. ¡Es como tener un amigo mágico que te ayuda a crear aventuras de viaje perfectas y llenas de diversión!

**Monitorización de la Salud**: Diseña dispositivos wearables con funciones de monitorización de salud impulsadas por IA.

Te explicaré cómo diseñar dispositivos wearables con funciones de monitorización de salud impulsadas por inteligencia artificial (IA). Imagina que eres un científico mágico que puede cuidar de la salud de las personas con tecnología especial. Vamos a ver cómo usar tus habilidades científicas para desarrollar estos dispositivos con la ayuda de la tecnología:

1. **Comprende el Cuerpo Mágico**: Como el científico mágico, estudias cómo funciona el cuerpo humano. Aprendes sobre el ritmo del corazón, la respiración y otras señales importantes.

2. **Habla con tus Sensores Mágicos**: Imagina que tienes sensores mágicos especiales que pueden detectar las señales del cuerpo. Les dices sobre los latidos del corazón, la temperatura y otras cosas.

3. **Guarda el Conocimiento**: Tus sensores mágicos (tecnología) guardan toda la información que les diste, como si tuvieran una memoria increíble.

4. **Analiza las Señales Mágicas**: Cuando los sensores recopilan información del cuerpo, ¡usas tu conocimiento científico y los datos! Buscas patrones y señales que pueden decirte sobre la salud.

5. **Ofrece Información Importante**: Con la ayuda de tus sensores mágicos, puedes ofrecer información sobre la salud en tiempo real. Puedes mostrar la frecuencia cardíaca, la calidad del sueño y otros datos útiles.

6. **Aprende de los Cambios Mágicos**: A medida que las personas usan los dispositivos y los sensores recopilan datos, aprendes más sobre cómo cambia la salud. Tu tecnología puede adaptarse y ofrecer consejos mejores con el tiempo.

7. **Cuida la Salud Mágica**: Además de mostrar datos, tus dispositivos wearables también pueden enviar alertas si algo no parece estar bien. Pueden ayudar a las personas a cuidar su salud de manera preventiva.

8. **Crea Bienestar Mágico**: Tus dispositivos wearables impulsados por IA ayudan a las personas a mantenerse saludables y sentirse bien. Pueden crear una sensación mágica de bienestar.

En resumen, diseñar dispositivos wearables con funciones de monitorización de salud impulsadas por IA es como ser un científico mágico que cuida de la salud de las personas. La tecnología actúa como tus sensores mágicos que recopilan datos y ofrecen información importante sobre la salud. ¡Es como tener un compañero mágico que te ayuda a estar atento y cuidar de tu cuerpo de manera inteligente!

**Diseño Automatizado**: Crea herramientas de diseño asistido por IA.

Te explicaré cómo crear herramientas de diseño asistido por inteligencia artificial (IA). Imagina que eres un artista mágico que tiene una paleta especial que te ayuda a crear obras de arte sorprendentes. Vamos a ver cómo usar tus habilidades artísticas para desarrollar estas herramientas con la ayuda de la tecnología:

1. **Conoce la Creatividad Mágica**: Como el artista mágico, sabes cómo crear cosas hermosas y únicas. Conoces los colores, las formas y los estilos que hacen que el diseño sea genial.

2. **Habla con tu Paleta Mágica**: Imagina que tienes una paleta mágica especial que entiende tu estilo y preferencias. Le cuentas sobre tus ideas y cómo te gustaría que se vea el diseño.

3. **Guarda el Conocimiento**: Tu paleta mágica (tecnología) guarda toda la información que le diste, como si fuera un bloc de notas creativo.

4. **Analiza las Ideas Mágicas**: Cuando piensas en cómo debería ser un diseño, ¡usas tu creatividad y tu paleta mágica! Consideras colores, formas y detalles.

5. **Crea Diseños Asombrosos**: Con la ayuda de tu paleta mágica, puedes crear diseños sorprendentes. Puede sugerir combinaciones de colores, disposiciones y otros elementos.

6. **Aprende de las Preferencias Mágicas**: A medida que creas más diseños y obtienes feedback, tu paleta mágica aprende de tus preferencias. Puede ofrecer sugerencias que se adapten mejor a tu estilo.

7. **Ayuda a Materializar Ideas**: Además de sugerir diseños, tu herramienta asistida por IA puede ayudarte a transformar tus ideas en diseños reales. Puede proporcionar plantillas y guías.

8. **Fomenta la Creatividad Mágica**: Tus herramientas de diseño asistido por IA fomentan tu creatividad y te ayudan a dar vida a tus ideas. Pueden hacer que el proceso de diseño sea más emocionante y eficiente.

En resumen, crear herramientas de diseño asistido por IA es como tener una paleta mágica que te ayuda a crear diseños increíbles. La tecnología actúa como tu paleta mágica que aprende de tus preferencias y ofrece sugerencias creativas. ¡Es como tener un amigo mágico que te ayuda a dar vida a tus ideas de diseño de manera impresionante!

**Mantenimiento Predictivo**: Desarrolla sistemas que anticipen necesidades de mantenimiento en equipos industriales.

Te explicaré cómo desarrollar sistemas de mantenimiento predictivo que anticipen las necesidades de mantenimiento en equipos industriales. Imagina que eres un ingeniero mágico que puede predecir cuándo una máquina necesita ser reparada antes de que ocurra un problema. Vamos a ver cómo usar tus habilidades de ingeniería para desarrollar estos sistemas con la ayuda de la tecnología:

1. **Comprende las Máquinas Mágicas**: Como el ingeniero mágico, sabes cómo funcionan las máquinas y cuáles son las señales de que algo podría estar mal. Aprendes cómo suenan, se comportan y funcionan normalmente.

2. **Habla con Tus Sensores Mágicos**: Imagina que tienes sensores mágicos especiales que pueden monitorear las máquinas. Les cuentas sobre cómo deberían funcionar y qué signos indican un posible problema.

3. **Guarda el Conocimiento**: Tus sensores mágicos (tecnología) guardan toda la información que les diste, como si fueran registros de diagnóstico.

4. **Analiza las Señales Mágicas**: Cuando los sensores monitorean las máquinas, ¡usas tu conocimiento y los datos! Buscas patrones y cambios que podrían indicar un desgaste o un problema futuro.

5. **Predice Necesidades de Mantenimiento**: Con la ayuda de tus sensores mágicos, puedes predecir cuándo una máquina necesitará mantenimiento. Puedes decir cuándo podría ocurrir un problema antes de que suceda.

6. **Aprende de los Cambios Mágicos**: A medida que monitoreas más máquinas y comparas las predicciones con lo que realmente sucede, tus sensores mágicos aprenden y se vuelven más precisos con el tiempo.

7. **Evita Paradas Mágicas**: Además de predecir necesidades de mantenimiento, tus sistemas de mantenimiento predictivo también ayudan a evitar paradas no planificadas. Pueden mantener las máquinas funcionando sin problemas.

8. **Optimiza la Producción Mágica**: Tus sistemas de mantenimiento predictivo optimizan la producción al asegurarse de que las máquinas estén en buen estado y funcionando eficientemente.

En resumen, desarrollar sistemas de mantenimiento predictivo es como ser un ingeniero mágico que puede predecir y prevenir problemas en las máquinas industriales. La tecnología actúa como tus sensores mágicos que monitorean y predicen necesidades de mantenimiento. ¡Es como tener un compañero mágico que ayuda a mantener las máquinas en perfecto estado y evita problemas en la producción!

## **Asesoramiento Financiero**: Ofrece servicios de asesoría financiera impulsados por IA.

Te explicaré cómo ofrecer servicios de asesoramiento financiero impulsados por inteligencia artificial (IA). Imagina que eres un consejero financiero mágico que siempre sabe cómo ayudar a las personas a tomar decisiones inteligentes sobre su dinero. Vamos a ver cómo usar tus poderes mágicos para desarrollar estos servicios con la ayuda de la tecnología:

1. **Comprende las Finanzas Mágicas**: Como el consejero financiero mágico, conoces las reglas y conceptos de las finanzas. Sabes cómo funciona el dinero y cómo tomar decisiones inteligentes.

2. **Habla con Tu Calculadora Mágica**: Imagina que tienes una calculadora mágica especial que entiende sobre dinero y números. Le cuentas sobre las metas financieras de las personas y cómo quieren manejar su dinero.

3. **Guarda el Conocimiento**: Tu calculadora mágica (tecnología) guarda toda la información que le diste, como si fuera un cuaderno de notas financiero.

4. **Analiza las Metas Mágicas**: Cuando trabajas con personas y sus finanzas, ¡usas tu conocimiento y tu calculadora mágica! Consideras sus metas, ingresos, gastos y ahorros.

5. **Ofrece Consejos Inteligentes**: Con la ayuda de tu calculadora mágica, puedes ofrecer consejos financieros inteligentes. Puedes sugerir cómo ahorrar, invertir y manejar el dinero de manera efectiva.

6. **Aprende de las Decisiones Mágicas**: A medida que las personas siguen tus consejos y toman decisiones financieras, tu calculadora mágica aprende de sus resultados. Puede ofrecer consejos aún más precisos con el tiempo.

7. **Ayuda a Alcanzar Sueños Mágicos**: Además de dar consejos, tus servicios de asesoramiento financiero impulsados por IA también ayudan a las personas a alcanzar sus metas financieras y hacer realidad sus sueños.

8. **Crea Seguridad Mágica**: Tus servicios brindan seguridad financiera al ayudar a las personas a tomar decisiones informadas y proteger su dinero.

En resumen, ofrecer servicios de asesoramiento financiero impulsados por IA es como ser un consejero financiero mágico que guía a las personas en sus decisiones de dinero. La tecnología actúa como tu calculadora mágica que aprende de las metas y ofrece consejos inteligentes. ¡Es como tener un amigo mágico que te ayuda a tomar decisiones financieras sabias y alcanzar tus sueños económicos!

## **Detección de Plagio**: Crea herramientas de detección de contenido duplicado basadas en IA.

Te explicaré cómo crear herramientas de detección de contenido duplicado basadas en inteligencia artificial (IA). Imagina que eres un detective literario mágico que puede encontrar similitudes entre diferentes historias. Vamos a ver cómo usar tus habilidades de detección para desarrollar estas herramientas con la ayuda de la tecnología:

1. **Comprende las Historias Mágicas**: Como el detective literario mágico, sabes cómo funcionan las historias y cómo se construyen. Conoces las palabras y los patrones que las hacen únicas.

2. **Habla con Tu Lupa Mágica**: Imagina que tienes una lupa mágica especial que puede analizar el texto. Le cuentas sobre el contenido que deseas verificar y qué partes podrían ser similares en diferentes lugares.

3. **Guarda el Conocimiento**: Tu lupa mágica (tecnología) guarda toda la información que le diste, como si fuera una base de datos de comparación.

4. **Analiza el Texto Mágico**: Cuando la lupa analiza el texto, ¡usas tu conocimiento y los datos! Buscas similitudes en las palabras, frases y estructuras.

5. **Detecta Contenido Duplicado**: Con la ayuda de tu lupa mágica, puedes detectar contenido duplicado o similar en diferentes textos. Puedes encontrar partes que se repiten en diferentes lugares.

6. **Aprende de las Comparaciones Mágicas**: A medida que comparas más textos y verificas la similitud, tu lupa mágica aprende y se vuelve más precisa en la detección.

7. **Promueve la Originalidad Mágica**: Además de detectar el plagio, tus herramientas de detección también fomentan la originalidad y el respeto por el trabajo de otros.

8. **Protege la Integridad Mágica**: Tus herramientas de detección de contenido duplicado protegen la integridad del trabajo y ayudan a mantener la autenticidad en la creación de contenido.

En resumen, crear herramientas de detección de contenido duplicado basadas en IA es como ser un detective literario mágico que puede encontrar similitudes en el texto. La tecnología actúa como tu lupa mágica que aprende de las comparaciones y ofrece detección precisa. ¡Es como tener un compañero mágico que te ayuda a garantizar que el contenido sea original y respete los derechos de autor!

**Optimización de Energía**: Desarrolla soluciones para optimizar el uso de energía en edificios y sistemas.

Te explicaré cómo desarrollar soluciones para optimizar el uso de energía en edificios y sistemas. Imagina que eres un maestro de la energía mágica que puede hacer que los edificios y sistemas utilicen la energía de manera más eficiente. Vamos a ver cómo usar tus poderes mágicos para desarrollar estas soluciones con la ayuda de la tecnología:

1. **Comprende la Energía Mágica**: Como el maestro de la energía mágica, sabes cómo se genera, distribuye y utiliza la energía en los edificios y sistemas. Conoces las formas de hacerlo más eficiente.

2. **Habla con Tus Sensores Mágicos**: Imagina que tienes sensores mágicos especiales que pueden medir el uso de energía. Les cuentas sobre los sistemas que deseas optimizar y cómo deberían funcionar.

3. **Guarda el Conocimiento**: Tus sensores mágicos (tecnología) guardan toda la información que les diste, como si fueran registros de consumo energético.

4. **Analiza la Energía Mágica**: Cuando los sensores monitorean el uso de energía, ¡usas tu conocimiento y los datos! Buscas patrones y oportunidades para reducir el consumo.

5. **Ofrece Soluciones Eficientes**: Con la ayuda de tus sensores mágicos, puedes ofrecer soluciones para optimizar el uso de energía. Puedes sugerir ajustes en sistemas de calefacción, iluminación y más.

6. **Aprende de los Resultados Mágicos**: A medida que implementas las soluciones y observas los resultados, tus sensores mágicos aprenden y mejoran sus recomendaciones con el tiempo.

7. **Reduce el Desperdicio Mágico**: Además de optimizar el uso de energía, tus soluciones también ayudan a reducir el desperdicio y a ahorrar recursos.

8. **Promueve la Sostenibilidad Mágica**: Tus soluciones de optimización de energía promueven la sostenibilidad al reducir la huella ambiental y el consumo excesivo de recursos.

En resumen, desarrollar soluciones para optimizar el uso de energía es como ser un maestro de la energía mágica que hace que los edificios y sistemas sean más eficientes en su consumo. La tecnología actúa como tus sensores mágicos que monitorean y ofrecen soluciones. ¡Es como tener un amigo mágico que te ayuda a ahorrar energía y a cuidar del medio ambiente de manera inteligente!

**Personalización de Productos**: Diseña herramientas para personalizar productos y servicios basados en las preferencias del cliente.

Te explicaré cómo diseñar herramientas para personalizar productos y servicios basados en las preferencias del cliente. Imagina que eres un creador mágico que puede hacer que cada producto sea único y especial para cada cliente. Vamos a ver cómo usar tus poderes creativos para desarrollar estas herramientas con la ayuda de la tecnología:

1. **Comprende las Preferencias Mágicas**: Como el creador mágico, sabes cómo las personas tienen gustos y deseos únicos. Aprendes sobre lo que cada cliente prefiere y cómo les gustaría que sea su producto.

2. **Habla con Tu Varita Mágica**: Imagina que tienes una varita mágica especial que puede convertir deseos en realidad. Le cuentas sobre las preferencias de los clientes y cómo quieren personalizar su producto.

3. **Guarda el Conocimiento**: Tu varita mágica (tecnología) guarda toda la información que le diste, como si fuera una lista de deseos personalizada.

4. **Crea Magia Personalizada**: Cuando trabajas en personalizar productos, ¡usas tu creatividad y tu varita mágica! Consideras colores, tamaños, funciones y detalles especiales.

5. **Ofrece Creaciones Únicas**: Con la ayuda de tu varita mágica, puedes ofrecer productos que se ajusten perfectamente a las preferencias de cada cliente. Puedes hacer que cada producto sea único.

6. **Aprende de las Creaciones Mágicas**: A medida que creas más productos personalizados y obtienes feedback, tu varita mágica aprende y puede hacer creaciones aún más precisas.

7. **Hace Sonrisas Mágicas**: Además de productos, tus herramientas de personalización también pueden aplicarse a servicios, como configuraciones especiales o experiencias únicas.

8. **Fomenta la Satisfacción Mágica**: Tus herramientas de personalización de productos y servicios crean satisfacción en los clientes al brindarles exactamente lo que desean.

En resumen, diseñar herramientas para personalizar productos y servicios basados en preferencias es como ser un creador mágico que hace que cada producto sea una obra maestra única. La tecnología actúa como tu varita mágica que aprende de las preferencias y ofrece personalización perfecta. ¡Es como tener un amigo mágico que te ayuda a crear productos y experiencias especiales que hacen sonreír a las personas!

**Aplicaciones de Entretenimiento AI**: Crea aplicaciones de entretenimiento que utilicen IA, como música generativa o arte digital.

Te explicaré cómo crear aplicaciones de entretenimiento que utilicen inteligencia artificial (IA), como música generativa o arte digital. Imagina que eres un artista mágico que puede colaborar con la tecnología para crear experiencias de entretenimiento únicas. Vamos a ver cómo usar tus habilidades creativas para desarrollar estas aplicaciones con la ayuda de la tecnología:

1. **Comprende la Creatividad Mágica**: Como el artista mágico, sabes cómo crear música y arte emocionantes. Conoces las combinaciones de notas, colores y formas que hacen que el entretenimiento sea atractivo.

2. **Habla con Tu Pincel Mágico**: Imagina que tienes un pincel mágico especial que entiende tus ideas artísticas. Le cuentas sobre el tipo de música o arte que deseas crear utilizando IA.

3. **Guarda el Conocimiento**: Tu pincel mágico (tecnología) guarda toda la información que le diste, como si fuera una paleta de colores o una partitura musical.

4. **Crea Magia Creativa**: Cuando trabajas en música o arte generativo, ¡usas tu creatividad y tu pincel mágico! Piensas en las melodías, los patrones y las imágenes que deseas que se generen.

5. **Genera Música o Arte Únicos**: Con la ayuda de tu pincel mágico, puedes generar música o arte que sea única y emocionante. Puedes explorar nuevas combinaciones y estilos.

6. **Aprende de las Creaciones Mágicas**: A medida que experimentas con diferentes generaciones de música o arte, tu pincel mágico aprende de tus preferencias y se vuelve más afinado en la generación creativa.

7. **Crea Experiencias Mágicas**: Además de la música y el arte generativos, tus aplicaciones de entretenimiento impulsadas por IA pueden ofrecer experiencias interactivas y sorprendentes.

8. **Despierta la Imaginación Mágica**: Tus aplicaciones de entretenimiento impulsadas por IA despiertan la imaginación y la creatividad al ofrecer experiencias únicas y novedosas.

En resumen, crear aplicaciones de entretenimiento que utilicen IA es como ser un artista mágico que colabora con la tecnología para crear experiencias emocionantes. La tecnología actúa como tu pincel mágico que aprende de tus preferencias y genera música o arte único. ¡Es como tener un compañero mágico que te ayuda a explorar nuevas formas de entretenimiento creativo!

**Automatización de Procesos Empresariales**: Ayuda a las empresas a automatizar procesos internos con IA.

Te explicaré cómo ayudar a las empresas a automatizar procesos internos con inteligencia artificial (IA). Imagina que eres un experto en eficiencia mágica que puede simplificar y agilizar las tareas empresariales. Vamos a ver cómo usar tus habilidades de optimización para desarrollar soluciones con la ayuda de la tecnología:

1. **Comprende la Eficiencia Mágica**: Como el experto en eficiencia mágica, sabes cómo funcionan los procesos empresariales y cómo se pueden mejorar. Conoces las áreas donde la automatización puede marcar la diferencia.

2. **Habla con Tu Varita Mágica**: Imagina que tienes una varita mágica especial que puede identificar tareas repetitivas y adecuadas para la automatización. Le cuentas sobre los procesos internos que deseas simplificar y optimizar.

3. **Guarda el Conocimiento**: Tu varita mágica (tecnología) guarda toda la información que le diste, como si fuera un plan de optimización.

4. **Optimiza Procesos Mágicos**: Cuando trabajas en la automatización, ¡usas tu conocimiento y tu varita mágica! Identificas las tareas que pueden ser automatizadas y cómo deben fluir los procesos.

5. **Automatiza Tareas Repetitivas**: Con la ayuda de tu varita mágica, puedes automatizar tareas repetitivas, como la gestión de datos, el procesamiento de facturas y más.

6. **Aprende de las Mejoras Mágicas**: A medida que implementas la automatización y observas cómo mejorar la eficiencia, tu varita mágica aprende y puede ofrecer soluciones aún más efectivas.

7. **Impulsa la Productividad Mágica**: Además de la automatización, tus soluciones también pueden impulsar la productividad al liberar tiempo para tareas más estratégicas.

8. **Crea Agilidad Mágica**: Tus soluciones de automatización de procesos empresariales crean agilidad al hacer que las operaciones sean más rápidas y fluidas.

En resumen, ayudar a las empresas a automatizar procesos internos con IA es como ser un experto en eficiencia mágica que simplifica y optimiza las operaciones. La tecnología actúa como tu varita mágica que identifica y automatiza tareas repetitivas. ¡Es como tener un compañero mágico que te ayuda a liberar tiempo y recursos para actividades más importantes dentro de la empresa!

**Gestión de Recursos Humanos**: Desarrolla soluciones para optimizar la selección y gestión de talento con IA.

Te explicaré cómo desarrollar soluciones para optimizar la selección y gestión de talento en recursos humanos utilizando inteligencia artificial (IA). Imagina que eres un cazatalentos mágico que puede encontrar a las personas adecuadas para cada puesto y asegurarse de que estén contentas en sus trabajos. Vamos a ver cómo usar tus habilidades de búsqueda y optimización para desarrollar estas soluciones con la ayuda de la tecnología:

1. **Comprende el Talento Mágico**: Como el cazatalentos mágico, sabes qué habilidades y cualidades son importantes para cada puesto. Comprendes cómo encontrar a las personas adecuadas para cada trabajo.

2. **Habla con Tu Lupa Mágica**: Imagina que tienes una lupa mágica especial que puede analizar currículums y perfiles laborales. Le cuentas sobre las características y habilidades que estás buscando en los candidatos.

3. **Guarda el Conocimiento**: Tu lupa mágica (tecnología) guarda toda la información que le diste, como si fuera una base de datos de talentos.

4. **Busca Talentos Mágicos**: Cuando buscas candidatos, ¡usas tu conocimiento y tu lupa mágica! Analizas currículums, habilidades y experiencias para encontrar a las personas adecuadas.

5. **Selecciona a los Mejores**: Con la ayuda de tu lupa mágica, puedes identificar a los mejores candidatos para cada puesto. Puedes hacer coincidir habilidades y personalidades con las necesidades del trabajo.

6. **Aprende de las Coincidencias Mágicas**: A medida que seleccionas y gestionas a los candidatos y observas su desempeño, tu lupa mágica aprende y se vuelve más precisa en la identificación de talentos.

7. **Fomenta la Retención Mágica**: Además de la selección, tus soluciones también pueden ayudar a la gestión de talento a asegurarse de que los empleados estén satisfechos y comprometidos.
8. **Optimiza el Equipo Mágico**: Tus soluciones de gestión de talento impulsadas por IA optimizan la formación de equipos al asegurarse de que cada miembro sea una adición valiosa.

En resumen, desarrollar soluciones para optimizar la selección y gestión de talento en recursos humanos es como ser un cazatalentos mágico que encuentra a las personas adecuadas para cada trabajo y asegura su felicidad y éxito en la empresa. La tecnología actúa como tu lupa mágica que aprende de tus decisiones y ofrece selecciones más precisas con el tiempo. ¡Es como tener un compañero mágico que te ayuda a construir equipos exitosos y motivados en la empresa!

## **Monitorización Ambiental**: Diseña sistemas para monitorizar y gestionar la calidad del aire, agua, etc., con IA.

Te explicaré cómo diseñar sistemas para monitorizar y gestionar la calidad del aire, agua y otros aspectos ambientales utilizando inteligencia artificial (IA). Imagina que eres un guardián del medio ambiente mágico que puede vigilar y proteger la naturaleza. Vamos a ver cómo usar tus habilidades de supervisión y análisis para desarrollar estos sistemas con la ayuda de la tecnología:

1. **Comprende la Naturaleza Mágica**: Como el guardián del medio ambiente mágico, sabes cómo funcionan los ecosistemas y cómo mantener un equilibrio saludable. Entiendes la importancia de la calidad del aire, agua y otros aspectos ambientales.

2. **Habla con Tu Sensor Mágico**: Imagina que tienes un sensor mágico especial que puede medir la calidad del aire, el agua y otros elementos ambientales. Le cuentas sobre los lugares que deseas monitorear y los parámetros que deseas controlar.

3. **Guarda el Conocimiento**: Tu sensor mágico (tecnología) guarda toda la información que le diste, como si fuera una base de datos ambiental.

4. **Supervisa la Naturaleza Mágica**: Cuando supervisas la calidad del aire, agua, etc., ¡usas tu conocimiento y tu sensor mágico! Monitoreas niveles de contaminantes y otros indicadores.

5. **Analiza la Magia Ambiental**: Con la ayuda de tu sensor mágico, puedes analizar los datos recopilados y evaluar la salud ambiental. Puedes detectar tendencias y problemas potenciales.

6. **Toma Acciones Mágicas**: A medida que identificas problemas ambientales, puedes tomar medidas para corregirlos, como alertar a las autoridades o implementar soluciones de purificación.

7. **Promueve la Sostenibilidad Mágica**: Además de la supervisión, tus sistemas de monitorización ambiental impulsados por IA pueden impulsar prácticas más sostenibles y responsables.

8. **Protege el Entorno Mágico**: Tus sistemas de monitorización y gestión ambiental protegen el entorno natural al prevenir y abordar la contaminación y los riesgos ambientales.

En resumen, diseñar sistemas para monitorizar y gestionar la calidad del aire, agua y otros aspectos ambientales con IA es como ser un guardián del medio ambiente mágico que vigila y protege la naturaleza. La tecnología actúa como tu sensor mágico que aprende de los datos y contribuye a la conservación ambiental. ¡Es como tener un compañero mágico que te ayuda a preservar la salud del planeta y asegurar un futuro sostenible!

**Servicios Legales Asistidos por IA**: Ofrece servicios de asesoría legal utilizando IA para la investigación y análisis.

Te explicaré cómo ofrecer servicios de asesoría legal asistidos por inteligencia artificial (IA) utilizando tecnología avanzada para la investigación y análisis legal. Imagina que eres un abogado mágico que puede hacer investigaciones legales de manera eficiente y precisa. Vamos a ver cómo usar tus habilidades legales y tecnológicas para desarrollar estos servicios:

1. **Comprende la Ley Mágica**: Como el abogado mágico, sabes cómo funcionan las leyes y regulaciones. Comprendes cómo investigar y analizar casos legales.

2. **Habla con Tu Libro Mágico**: Imagina que tienes un libro mágico especial que contiene vastos conocimientos legales y puede buscar rápidamente información legal. Le cuentas sobre los detalles del caso que necesitas investigar.

3. **Guarda el Conocimiento**: Tu libro mágico (tecnología) almacena toda la información legal y los resultados de la investigación, como si fuera una base de datos legal.

4. **Investiga Casos Mágicos**: Cuando investigas un caso, ¡usas tu conocimiento y tu libro mágico! Buscas precedentes legales, reglamentos y documentos relacionados.

5. **Analiza Detalles Mágicos**: Con la ayuda de tu libro mágico, puedes analizar los detalles del caso y proporcionar análisis legal detallados. Puedes identificar argumentos sólidos y posibles estrategias legales.

6. **Ofrece Asesoría Legal Inteligente**: A medida que recopilas información y realizas análisis, puedes ofrecer asesoría legal asistida por IA que sea precisa y fundamentada.

7. **Aprende de los Casos Mágicos**: A medida que trabajas en más casos y observas los resultados legales, tu libro mágico aprende y mejora sus recomendaciones con el tiempo.

8. **Promueve la Justicia Mágica**: Tus servicios de asesoría legal asistidos por IA promueven la justicia al proporcionar análisis imparciales y bien fundamentados.

En resumen, ofrecer servicios de asesoría legal asistidos por IA es como ser un abogado mágico que utiliza la tecnología para investigar, analizar y proporcionar asesoramiento legal. La tecnología actúa como tu libro mágico que almacena conocimientos y aprende de los casos. ¡Es como tener un compañero mágico que te ayuda a ofrecer asesoramiento legal de alta calidad y a promover la justicia en el sistema legal!

## **Diagnóstico de Problemas Técnicos**: Crea soluciones que utilicen IA para diagnosticar y solucionar problemas

Te explicaré cómo crear soluciones que utilicen inteligencia artificial (IA) para diagnosticar y solucionar problemas técnicos. Imagina que eres un ingeniero mágico que puede identificar y arreglar problemas en dispositivos y sistemas de manera rápida y precisa. Vamos a ver cómo usar tus habilidades de resolución de problemas y análisis para desarrollar estas soluciones con la ayuda de la tecnología:

1. **Comprende la Tecnología Mágica**: Como el ingeniero mágico, sabes cómo funcionan los dispositivos y sistemas técnicos. Comprendes las señales de problemas y cómo resolverlos.

2. **Habla con Tu Detector Mágico**: Imagina que tienes un detector mágico especial que puede analizar dispositivos y sistemas en busca de problemas. Le cuentas sobre los síntomas y las señales que estás buscando.

3. **Guarda el Conocimiento**: Tu detector mágico (tecnología) almacena toda la información sobre problemas técnicos y soluciones, como si fuera una base de datos de resolución de problemas.

4. **Diagnostica Problemas Mágicos**: Cuando trabajas en la detección de problemas, ¡usas tu conocimiento y tu detector mágico! Analizas datos y señales para identificar la causa del problema.

5. **Ofrece Soluciones Rápidas**: Con la ayuda de tu detector mágico, puedes ofrecer soluciones rápidas y precisas para resolver problemas técnicos. Puedes sugerir pasos de solución o ajustes necesarios.

6. **Aprende de las Soluciones Mágicas**: A medida que implementas soluciones y observas los resultados, tu detector mágico aprende y mejora sus recomendaciones con el tiempo.

7. **Minimiza Tiempo de Inactividad Mágico**: Además de diagnosticar, tus soluciones de problemas técnicos impulsadas por IA ayudan a reducir el tiempo de inactividad al solucionar problemas de manera eficiente.

8. **Optimiza el Desempeño Mágico**: Tus soluciones de diagnóstico y resolución de problemas optimizan el desempeño de dispositivos y sistemas al mantenerlos funcionando sin interrupciones.

En resumen, crear soluciones que utilicen IA para diagnosticar y solucionar problemas técnicos es como ser un ingeniero mágico que puede identificar y arreglar problemas en dispositivos y sistemas de manera rápida y eficiente. La tecnología actúa como tu detector mágico que aprende de las soluciones implementadas y mejora su capacidad de diagnóstico. ¡Es como tener un compañero mágico que te ayuda a mantener la tecnología funcionando sin problemas y a optimizar su rendimiento!

**Análisis de Redes Sociales**: Desarrolla herramientas que analicen datos de redes sociales para obtener información valiosa.

Te explicaré cómo desarrollar herramientas que analicen datos de redes sociales para obtener información valiosa. Imagina que eres un investigador mágico que puede explorar las redes sociales para descubrir tendencias y patrones interesantes. Vamos a ver cómo usar tus habilidades de análisis y descubrimiento para desarrollar estas herramientas con la ayuda de la tecnología:

1. **Comprende el Mundo Mágico de las Redes Sociales**: Como el investigador mágico, sabes cómo funcionan las redes sociales y cómo las personas interactúan en línea. Comprendes la importancia de los datos que se comparten.

2. **Habla con Tu Espejo Mágico**: Imagina que tienes un espejo mágico especial que puede explorar y analizar datos de redes sociales. Le cuentas sobre los temas y las áreas que deseas investigar.

3. **Guarda el Conocimiento**: Tu espejo mágico (tecnología) almacena toda la información recopilada de las redes sociales, como si fuera una base de datos de análisis social.

4. **Analiza el Mundo Mágico de los Datos**: Cuando analizas datos de redes sociales, iusas tu conocimiento y tu espejo mágico! Exploras publicaciones, comentarios y tendencias para descubrir información valiosa.

5. **Extrae Información Valiosa**: Con la ayuda de tu espejo mágico, puedes extraer información valiosa, como opiniones de usuarios, patrones de comportamiento y cambios en las tendencias.

6. **Ofrece Perspicacia Mágica**: A medida que analizas datos y descubres información, puedes ofrecer perspicacias y recomendaciones basadas en los resultados.

7. **Aprende de los Descubrimientos Mágicos**: A medida que realizas más análisis y descubres información relevante, tu espejo mágico aprende y mejora su capacidad de encontrar patrones.

8. **Apoya Decisiones Mágicas**: Tus herramientas de análisis de redes sociales impulsadas por IA apoyan la toma de decisiones al proporcionar información sobre tendencias y opiniones en línea.

En resumen, desarrollar herramientas que analicen datos de redes sociales para obtener información valiosa es como ser un investigador mágico que explora el mundo en línea para descubrir tendencias y patrones. La tecnología actúa como tu espejo mágico que recopila y analiza datos, brindando información relevante. iEs como tener un compañero mágico que te ayuda a comprender lo que las personas están diciendo y a tomar decisiones informadas en el mundo digital!

## **Gestión de Inventarios**: Utiliza IA para optimizar la gestión de inventarios en negocios.

Te explicaré cómo utilizar inteligencia artificial (IA) para optimizar la gestión de inventarios en negocios. Imagina que eres un mago organizador que puede mantener el inventario de una tienda en perfecto equilibrio. Vamos a ver cómo usar tus habilidades de organización y planificación para desarrollar soluciones de gestión de inventarios con la ayuda de la tecnología:

1. **Comprende la Magia de los Inventarios**: Como el mago organizador, sabes cómo funcionan los inventarios y cómo mantener un equilibrio entre el suministro y la demanda. Comprendes la importancia de tener los productos adecuados en el momento adecuado.

2. **Habla con Tu Calculadora Mágica**: Imagina que tienes una calculadora mágica especial que puede analizar datos de ventas y pronosticar la demanda futura. Le cuentas sobre los productos y las cantidades que necesitas gestionar.

3. **Guarda el Conocimiento**: Tu calculadora mágica (tecnología) almacena toda la información sobre ventas, inventario y pronósticos, como si fuera un sistema de gestión de inventarios.

4. **Optimiza el Equilibrio Mágico**: Cuando trabajas en la gestión de inventarios, ¡usas tu conocimiento y tu calculadora mágica! Analizas datos históricos y patrones de demanda para asegurarte de tener suficiente inventario sin exceso.

5. **Realiza Pronósticos Mágicos**: Con la ayuda de tu calculadora mágica, puedes realizar pronósticos de demanda más precisos y ajustar los niveles de inventario en consecuencia.

6. **Evita Problemas Mágicos**: A medida que optimizas los niveles de inventario, puedes prevenir problemas como falta de productos o exceso de inventario no vendido.

7. **Mejora la Eficiencia Mágica**: Además de la gestión, tus soluciones de inventario impulsadas por IA también mejoran la eficiencia al reducir costos y optimizar el espacio de almacenamiento.

8. **Logra el Equilibrio Perfecto Mágico**: Tus soluciones de gestión de inventarios equilibran la oferta y la demanda de manera mágica, asegurando que los productos estén disponibles cuando los clientes los necesitan.

En resumen, utilizar IA para optimizar la gestión de inventarios en negocios es como ser un mago organizador que mantiene un equilibrio perfecto en los niveles de inventario. La tecnología actúa como tu calculadora mágica que aprende de los datos y mejora los pronósticos. ¡Es como tener un compañero mágico que te ayuda a mantener los productos disponibles y a evitar problemas de stock en tu negocio!

## **Seguimiento de Competidores**: Crea sistemas que rastreen y analicen las actividades de la competencia.

Te explicaré cómo crear sistemas que rastreen y analicen las actividades de la competencia utilizando inteligencia artificial (IA). Imagina que eres un espía estratégico que puede seguir de cerca a tus competidores para obtener información valiosa.
Vamos a ver cómo usar tus habilidades de observación y análisis para desarrollar estos sistemas con la ayuda de la tecnología:

1. **Comprende el Mundo de la Estrategia**: Como el espía estratégico, sabes cómo funcionan las estrategias de negocios y cómo las empresas compiten en el mercado. Comprendes la importancia de estar al tanto de las acciones de la competencia.

2. **Habla con Tu Binocular Mágico**: Imagina que tienes un binocular mágico especial que puede rastrear las actividades de la competencia en línea y fuera de línea. Le cuentas sobre las empresas y las acciones que deseas seguir.

3. **Guarda el Conocimiento**: Tu binocular mágico (tecnología) almacena toda la información recopilada sobre las actividades de la competencia, como si fuera una base de datos de análisis competitivo.

4. **Rastrea las Acciones Mágicas**: Cuando trabajas en el seguimiento de competidores, ¡usas tu conocimiento y tu binocular mágico! Monitoreas sitios web, redes sociales y otras fuentes para obtener información actualizada.

5. **Analiza Estrategias Mágicas**: Con la ayuda de tu binocular mágico, puedes analizar las estrategias de la competencia, como lanzamientos de productos, campañas de marketing y movimientos clave.

6. **Ofrece Inteligencia Competitiva**: A medida que recopilas información y realizas análisis, puedes ofrecer inteligencia competitiva valiosa que ayude a tu empresa a tomar decisiones informadas.

7. **Aprende de las Tácticas Mágicas**: A medida que sigues a la competencia y observas los resultados, tu binocular mágico aprende y mejora su capacidad para identificar patrones y tendencias.

8. **Apoya la Estrategia Empresarial Mágica**: Tus sistemas de seguimiento de competidores impulsados por IA apoyan la estrategia empresarial al proporcionar información sobre la competencia y posibles oportunidades.

En resumen, crear sistemas que rastreen y analicen las actividades de la competencia utilizando IA es como ser un espía estratégico que sigue de cerca a las empresas competidoras para obtener información valiosa. La tecnología actúa como tu binocular mágico que recopila y analiza datos, brindando inteligencia competitiva. ¡Es como tener un compañero mágico que te ayuda a estar un paso adelante en el mercado y a tomar decisiones estratégicas informadas!

**Optimización de Precios**: Ayuda a las empresas a establecer precios competitivos utilizando IA.

Te explicaré cómo ayudar a las empresas a establecer precios competitivos utilizando inteligencia artificial (IA). Imagina que eres un mago de la estrategia de precios que puede determinar los precios óptimos para maximizar ganancias y atraer clientes. Vamos a ver cómo usar tus habilidades de análisis y estrategia para desarrollar soluciones de optimización de precios con la ayuda de la tecnología:

1. **Comprende la Magia de los Precios**: Como el mago de la estrategia de precios, sabes cómo funcionan los factores que influyen en la fijación de precios, como costos, demanda y competencia. Comprendes la importancia de establecer precios adecuados.

2. **Habla con Tu Calculadora Mágica**: Imagina que tienes una calculadora mágica especial que puede analizar datos de ventas, costos y precios de la competencia. Le cuentas sobre los productos y servicios que necesitas optimizar.

3. **Guarda el Conocimiento**: Tu calculadora mágica (tecnología) almacena toda la información sobre precios, márgenes de ganancia y análisis de competencia, como si fuera una base de datos de estrategia de precios.

4. **Analiza Estrategias Mágicas**: Cuando trabajas en la optimización de precios, ¡usas tu conocimiento y tu calculadora mágica! Analizas datos para identificar patrones de compra y entender cómo reaccionan los clientes ante diferentes precios.

5. **Determina Precios Óptimos Mágicos**: Con la ayuda de tu calculadora mágica, puedes determinar precios óptimos que maximicen las ganancias y mantengan la competitividad en el mercado.

6. **Ajusta Estrategias de Precios Mágicas**: A medida que recopilas y analizas datos, puedes ajustar las estrategias de precios en función de las condiciones del mercado y las respuestas de los clientes.

7. **Mejora la Rentabilidad Mágica**: Además de establecer precios, tus soluciones de optimización de precios impulsadas por IA también mejoran la rentabilidad al encontrar el equilibrio perfecto entre ganancias y demanda.

8. **Logra Éxito Comercial Mágico**: Tus soluciones de optimización de precios logran éxito comercial al ayudar a las empresas a ofrecer productos y servicios a precios atractivos y competitivos.

En resumen, ayudar a las empresas a establecer precios competitivos utilizando IA es como ser un mago de la estrategia de precios que utiliza la tecnología para analizar datos y tomar decisiones informadas. La tecnología actúa como tu calculadora mágica que aprende de los datos y mejora las estrategias con el tiempo. ¡Es como tener un compañero mágico que te ayuda a maximizar las ganancias y a mantener una ventaja competitiva en el mercado!

## **Servicios de Traducción Automatizada**: Ofrece servicios de traducción rápida y precisa utilizando IA.

Te explicaré cómo ofrecer servicios de traducción automatizada utilizando inteligencia artificial (IA) para lograr traducciones rápidas y precisas. Imagina que eres un traductor mágico que puede convertir palabras de un idioma a otro en un abrir y cerrar de ojos. Vamos a ver cómo usar tus habilidades lingüísticas y tecnológicas para desarrollar estos servicios con la ayuda de la tecnología:

1. **Comprende la Magia de las Lenguas**: Como el traductor mágico, conoces varios idiomas y entiendes cómo las palabras se transforman de un idioma a otro. Comprendes la importancia de la comunicación precisa.

2. **Habla con Tu Diccionario Mágico**: Imagina que tienes un diccionario mágico especial que contiene vastos conocimientos de idiomas y puede traducir palabras y frases al instante. Le cuentas sobre los textos que necesitas traducir.

3. **Guarda el Conocimiento**: Tu diccionario mágico (tecnología) almacena todas las traducciones y reglas gramaticales, como si fuera una base de datos de traducción automática.

4. **Traduce Palabras Mágicas**: Cuando trabajas en la traducción automatizada, ¡usas tu conocimiento y tu diccionario mágico! Analizas las palabras y las estructuras de las frases para lograr traducciones precisas.

5. **Ofrece Traducciones Rápidas y Precisas**: Con la ayuda de tu diccionario mágico, puedes ofrecer traducciones rápidas y precisas que permiten a las personas comunicarse en diferentes idiomas sin problemas.

6. **Aprende de las Traducciones Mágicas**: A medida que realizas más traducciones y observas los resultados, tu diccionario mágico aprende y mejora su capacidad para manejar diferentes contextos.

7. **Facilita la Comunicación Global Mágica**: Además de las traducciones, tus servicios de traducción automatizada impulsados por IA facilitan la comunicación global al romper las barreras lingüísticas.

8. **Conecta a las Personas Mágicas**: Tus soluciones de traducción permiten a personas de diferentes culturas y lenguajes comunicarse de manera efectiva, creando conexiones mágicas.

En resumen, ofrecer servicios de traducción automatizada utilizando IA es como ser un traductor mágico que puede convertir palabras de un idioma a otro al instante. La tecnología actúa como tu diccionario mágico que aprende y mejora con cada traducción. ¡Es como tener un compañero mágico que te ayuda a superar las barreras lingüísticas y a conectar a personas de todo el mundo!

**Gestión de Riesgos Financieros**: Desarrolla modelos de IA para evaluar y gestionar riesgos financieros.

Te explicaré cómo desarrollar modelos de inteligencia artificial (IA) para evaluar y gestionar riesgos financieros. Imagina que eres un mago financiero que puede predecir y gestionar riesgos en el mundo de las finanzas. Vamos a ver cómo usar tus habilidades de análisis y predicción para desarrollar estos modelos con la ayuda de la tecnología:

1. **Comprende la Magia Financiera**: Como el mago financiero, sabes cómo funcionan los riesgos en el mundo de las finanzas y cómo afectan a las empresas y los inversores. Comprendes la importancia de identificar y mitigar riesgos.

2. **Habla con Tu Cristal de Predicción**: Imagina que tienes un cristal mágico especial que puede analizar datos financieros y predecir posibles riesgos. Le cuentas sobre las empresas, los mercados y las inversiones que deseas evaluar.

3. **Guarda el Conocimiento**: Tu cristal de predicción (tecnología) almacena todas las predicciones y análisis de riesgos, como si fuera una base de datos de gestión de riesgos financieros.

4. **Evalúa Riesgos Mágicos**: Cuando trabajas en la gestión de riesgos financieros, ¡usas tu conocimiento y tu cristal de predicción! Analizas datos históricos y patrones para identificar posibles riesgos en inversiones y operaciones.

5. **Predice Escenarios Mágicos**: Con la ayuda de tu cristal de predicción, puedes predecir diferentes escenarios de riesgo y evaluar su impacto potencial en las finanzas.

6. **Gestiona Riesgos de Manera Proactiva**: A medida que analizas los riesgos, puedes desarrollar estrategias para mitigarlos y tomar decisiones informadas en función de las predicciones.

7. **Mejora la Estabilidad Financiera Mágica**: Además de la predicción, tus modelos de gestión de riesgos impulsados por IA también mejoran la estabilidad financiera al ayudar a las empresas e inversores a prepararse para desafíos futuros.

8. **Maximiza el Rendimiento Mágico**: Tus modelos de IA maximizan el rendimiento al permitir que las empresas y los inversores tomen decisiones financieras más sólidas y conscientes de los riesgos.

En resumen, desarrollar modelos de IA para evaluar y gestionar riesgos financieros es como ser un mago financiero que utiliza la tecnología para predecir y mitigar riesgos en el mundo de las finanzas. La tecnología actúa como tu cristal de predicción que aprende de los datos y mejora la precisión con el tiempo. ¡Es como tener un compañero mágico que te ayuda a tomar decisiones financieras más informadas y a proteger los activos y las inversiones!

## **Automatización Residencial**: Crea sistemas para controlar y automatizar dispositivos en el hogar mediante IA.

Te explicaré cómo crear sistemas para controlar y automatizar dispositivos en el hogar mediante inteligencia artificial (IA). Imagina que eres un mago tecnológico que puede hacer que los dispositivos de tu hogar obedezcan tus órdenes mágicas. Vamos a ver cómo usar tus habilidades de control y programación para desarrollar estos sistemas con la ayuda de la tecnología:

1. **Comprende la Magia del Hogar Inteligente**: Como el mago tecnológico, sabes cómo funcionan los dispositivos y cómo se pueden controlar de manera remota. Comprendes la importancia de la comodidad y la eficiencia en el hogar.

2. **Habla con Tu Varita de Automatización**: Imagina que tienes una varita mágica especial que puede conectarse con dispositivos y ejecutar acciones. Le cuentas sobre los dispositivos y las tareas que deseas automatizar.

3. **Guarda el Conocimiento**: Tu varita de automatización (tecnología) almacena todas las configuraciones y comandos, como si fuera una base de datos de control de dispositivos.

4. **Automatiza Tareas Mágicas**: Cuando trabajas en la automatización residencial, ¡usas tu conocimiento y tu varita de automatización! Programas acciones para que los dispositivos realicen tareas específicas en momentos determinados.

5. **Controla el Hogar Mágicamente**: Con la ayuda de tu varita de automatización, puedes controlar luces, electrodomésticos, sistemas de seguridad y más desde cualquier lugar utilizando comandos de voz o aplicaciones móviles.

6. **Crea Escenarios Mágicos**: A medida que automatizas tareas, puedes crear escenarios personalizados, como "modo noche" que apaga luces y activa la alarma de seguridad.

7. **Mejora la Eficiencia Mágica**: Además de la comodidad, tus sistemas de automatización residencial impulsados por IA mejoran la eficiencia energética al optimizar el uso de dispositivos.

8. **Crea un Hogar Inteligente Mágico**: Tus sistemas de automatización transforman el hogar en un espacio inteligente y conectado que se adapta a las necesidades de los habitantes.

En resumen, crear sistemas para controlar y automatizar dispositivos en el hogar mediante IA es como ser un mago tecnológico que hace que los dispositivos obedezcan tus órdenes. La tecnología actúa como tu varita de automatización que aprende y mejora con cada acción realizada. ¡Es como tener un compañero mágico que te ayuda a crear un hogar inteligente y a disfrutar de la comodidad y la eficiencia en cada rincón!

**Gestión de Residuos**: Utiliza IA para optimizar la recolección y gestión de residuos.

Te explicaré cómo utilizar inteligencia artificial (IA) para optimizar la recolección y gestión de residuos. Imagina que eres un ecologista mágico que puede hacer que la gestión de residuos sea eficiente y amigable con el medio ambiente. Vamos a ver cómo usar tus habilidades de planificación y optimización para desarrollar soluciones de gestión de residuos con la ayuda de la tecnología:

1. **Comprende la Magia de la Gestión de Residuos**: Como el ecologista mágico, sabes cómo funcionan los sistemas de gestión de residuos y cómo impactan en el entorno. Comprendes la importancia de reducir, reciclar y reutilizar.

2. **Habla con Tu Cesto Mágico**: Imagina que tienes un cesto mágico especial que puede identificar y clasificar los tipos de residuos automáticamente. Le cuentas sobre las áreas y la cantidad de residuos que deseas gestionar.

3. **Guarda el Conocimiento**: Tu cesto mágico (tecnología) almacena información sobre tipos de residuos, ubicaciones de recolección y datos de eficiencia, como si fuera una base de datos de gestión de residuos.

4. **Optimiza la Recolección Mágica**: Cuando trabajas en la gestión de residuos, ¡usas tu conocimiento y tu cesto mágico! Planificas rutas de recolección eficientes y asignas recursos según la cantidad y el tipo de residuos.

5. **Clasifica y Recicla Mágicamente**: Con la ayuda de tu cesto mágico, puedes clasificar los residuos en categorías como papel, plástico y vidrio, lo que facilita el proceso de reciclaje.

6. **Reduce el Impacto Ambiental Mágico**: A medida que optimizas la recolección y el reciclaje, contribuyes a reducir el impacto ambiental y promover prácticas sostenibles.

7. **Mejora la Eficiencia Mágica**: Además de la gestión, tus soluciones de gestión de residuos impulsadas por IA mejoran la eficiencia al minimizar el tiempo y los recursos utilizados.

8. **Crea Comunidades Sostenibles Mágicas**: Tus soluciones de gestión de residuos contribuyen a crear comunidades más limpias y sostenibles, mejorando la calidad de vida de los habitantes.


En resumen, utilizar IA para optimizar la recolección y gestión de residuos es como ser un ecologista mágico que hace que el proceso sea eficiente y respetuoso con el medio ambiente. La tecnología actúa como tu cesto mágico que identifica y clasifica residuos, y planifica rutas de recolección. ¡Es como tener un compañero mágico que te ayuda a reducir el impacto ambiental y a crear comunidades más limpias y sostenibles!

## **Planificación de Eventos Inteligentes**: Diseña soluciones para planificar y gestionar eventos con IA.

Te explicaré cómo diseñar soluciones para planificar y gestionar eventos utilizando inteligencia artificial (IA). Imagina que eres un organizador de eventos mágico que puede crear experiencias inolvidables utilizando tecnología avanzada. Vamos a ver cómo usar tus habilidades de organización y creatividad para desarrollar soluciones de planificación de eventos con la ayuda de la tecnología:

1. **Comprende la Magia de la Planificación de Eventos**: Como el organizador de eventos mágico, sabes cómo crear experiencias emocionantes y memorables para las personas. Comprendes la importancia de la coordinación y la logística.

2. **Habla con Tu Libro de Hechizos de Planificación**: Imagina que tienes un libro de hechizos especial que contiene fórmulas mágicas para planificar eventos. Le cuentas sobre el tipo de evento, la ubicación y los detalles que deseas incluir.

3. **Guarda el Conocimiento**: Tu libro de hechizos de planificación (tecnología) almacena todos los detalles de eventos anteriores, proveedores, presupuestos y calendarios, como si fuera una base de datos de planificación de eventos.

4. **Crea Planes Mágicos**: Cuando trabajas en la planificación de eventos, ¡usas tu conocimiento y tu libro de hechizos de planificación! Diseñas cronogramas, seleccionas proveedores y ajustas presupuestos para crear planes detallados.

5. **Personaliza Experiencias Mágicas**: Con la ayuda de tu libro de hechizos de planificación, puedes personalizar eventos según las preferencias de los clientes y los asistentes.

6. **Gestiona Logística Mágica**: A medida que avanzas en la planificación, tu libro de hechizos de planificación te ayuda a gestionar la logística, como la reserva de lugares, la contratación de servicios y la coordinación de equipos.

7. **Crea Momentos Especiales Mágicos**: Además de la planificación, tus soluciones de planificación de eventos impulsadas por IA ayudan a crear momentos únicos y emocionantes durante los eventos.

8. **Ofrece Experiencias Inolvidables Mágicas**: Tus soluciones de planificación de eventos crean experiencias inolvidables para los asistentes, dejando una impresión duradera.

En resumen, diseñar soluciones para planificar y gestionar eventos utilizando IA es como ser un organizador de eventos mágico que utiliza la tecnología para crear experiencias emocionantes. La tecnología actúa como tu libro de hechizos de planificación que aprende y mejora con cada evento. ¡Es como tener un compañero mágico que te ayuda a organizar eventos excepcionales y a brindar momentos memorables a las personas!

## **Optimización de Publicaciones en Redes Sociales**: Crea herramientas para programar y optimizar publicaciones en redes sociales.

Te explicaré cómo crear herramientas para programar y optimizar publicaciones en redes sociales utilizando inteligencia artificial (IA). Imagina que eres un estratega de redes sociales mágico que puede maximizar el impacto de tus publicaciones en línea. Vamos a ver cómo usar tus habilidades de planificación y análisis para desarrollar soluciones de optimización de publicaciones en redes sociales con la ayuda de la tecnología:

1. **Comprende la Magia de las Redes Sociales**: Como el estratega de redes sociales mágico, sabes cómo interactuar con la audiencia en plataformas en línea y cómo crear contenido atractivo. Comprendes la importancia de mantener una presencia activa en las redes sociales.

2. **Habla con Tu Pergamino de Planificación**: Imagina que tienes un pergamino mágico especial que te permite programar y analizar publicaciones en redes sociales. Le cuentas sobre las plataformas, el contenido y los horarios que deseas abordar.

3. **Guarda el Conocimiento**: Tu pergamino de planificación (tecnología) almacena horarios de publicación, contenido planificado y datos de rendimiento, como si fuera una base de datos de optimización de redes sociales.

4. **Planifica Publicaciones Mágicas**: Cuando trabajas en la optimización de publicaciones en redes sociales, ¡usas tu conocimiento y tu pergamino de planificación! Diseñas calendarios de publicaciones y programas contenido para alcanzar a tu audiencia en los momentos adecuados.

5. **Analiza Audiencias Mágicas**: Con la ayuda de tu pergamino de planificación, puedes analizar datos demográficos y de interacción para comprender mejor a tu audiencia y adaptar tu contenido.

6. **Optimiza Estrategias Mágicas**: A medida que publicas y analizas resultados, tu pergamino de planificación te ayuda a optimizar tus estrategias, identificando los tipos de contenido que generan más participación.

7. **Mejora la Interacción Mágica**: Además de la programación, tus soluciones de optimización de redes sociales impulsadas por IA mejoran la interacción y el compromiso con los seguidores.

8. **Impulsa el Crecimiento Mágico**: Tus herramientas de optimización de publicaciones en redes sociales ayudan a impulsar el crecimiento de la comunidad en línea y a construir una presencia sólida.

En resumen, crear herramientas para programar y optimizar publicaciones en redes sociales utilizando IA es como ser un estratega de redes sociales mágico que maximiza el impacto de tu contenido. La tecnología actúa como tu pergamino de planificación que aprende y mejora con cada publicación. ¡Es como tener un compañero mágico que te ayuda a construir una presencia exitosa en las redes sociales y a conectarte con tu audiencia de manera efectiva!

**Asesoría Nutricional Personalizada**: Ofrece asesoramiento nutricional basado en IA y datos personales.

*Te explicaré cómo ofrecer asesoramiento nutricional personalizado utilizando inteligencia artificial (IA) y datos personales. Imagina que eres un nutricionista mágico que puede proporcionar recomendaciones de dieta específicas para cada individuo. Vamos a ver cómo usar tus conocimientos de nutrición y análisis para desarrollar soluciones de asesoramiento nutricional con la ayuda de la tecnología:*

*1. **Comprende la Magia de la Nutrición**: Como el nutricionista mágico, sabes cómo los alimentos afectan la salud y el bienestar de las personas. Comprendes la importancia de una dieta equilibrada y personalizada.*

*2. **Habla con Tu Libro de Recetas Mágicas**: Imagina que tienes un libro de recetas mágicas especial que contiene información sobre alimentos, nutrientes y necesidades dietéticas. Le cuentas sobre los objetivos y preferencias de dieta de cada persona.*

*3. **Guarda el Conocimiento**: Tu libro de recetas mágicas (tecnología) almacena datos de salud, preferencias alimentarias y recomendaciones nutricionales, como si fuera una base de datos de asesoramiento nutricional.*

4. **Analiza Datos Mágicos**: Cuando trabajas en el asesoramiento nutricional personalizado, ¡usas tu conocimiento y tu libro de recetas mágicas! Analizas datos personales como edad, género, nivel de actividad y objetivos de salud.

5. **Crea Planes de Alimentación Mágicos**: Con la ayuda de tu libro de recetas mágicas, puedes crear planes de alimentación específicos que se adapten a las necesidades y objetivos de cada individuo.

6. **Monitorea Progresos Mágicos**: A medida que las personas siguen sus planes de alimentación, tu libro de recetas mágicas te permite hacer un seguimiento de los progresos y realizar ajustes según sea necesario.

7. **Promueve Hábitos Saludables Mágicos**: Además de la dieta, tus soluciones de asesoramiento nutricional impulsadas por IA fomentan hábitos saludables y educan sobre la importancia de la nutrición.

8. **Mejora la Salud y el Bienestar Mágicos**: Tus soluciones de asesoramiento nutricional personalizado contribuyen a mejorar la salud y el bienestar de las personas al proporcionar pautas dietéticas adecuadas.

En resumen, ofrecer asesoramiento nutricional personalizado utilizando IA es como ser un nutricionista mágico que proporciona recomendaciones de dieta adaptadas a cada individuo. La tecnología actúa como tu libro de recetas mágicas que aprende y mejora con cada caso. ¡Es como tener un compañero mágico que te ayuda a llevar una vida más saludable a través de una alimentación equilibrada y personalizada!

**Entrenamiento Físico Personalizado**:
**Desarrolla programas de ejercicio personalizados con base en la condición física del individuo.**

Te explicaré cómo desarrollar programas de entrenamiento físico personalizado utilizando inteligencia artificial (IA) y la condición física de cada individuo. Imagina que eres un entrenador mágico que puede crear rutinas de ejercicios perfectamente adaptadas a cada persona. Vamos a ver cómo usar tus conocimientos de fitness y planificación para desarrollar soluciones de entrenamiento personalizado con la ayuda de la tecnología:

1. **Comprende la Magia del Entrenamiento Físico**: Como el entrenador mágico, sabes cómo los ejercicios afectan el cuerpo y la importancia de mantenerse activo. Comprendes la necesidad de ejercicios específicos para objetivos individuales.

2. **Habla con Tu Pizarra Mágica de Ejercicios**: Imagina que tienes una pizarra mágica especial que puede diseñar planes de ejercicios personalizados. Le cuentas sobre la condición física actual y los objetivos de acondicionamiento de cada persona.

3. **Guarda el Conocimiento**: Tu pizarra mágica de ejercicios (tecnología) almacena información sobre tipos de ejercicios, intensidad y progreso, como si fuera una base de datos de entrenamiento físico.

4. **Evalúa la Condición Mágica**: Cuando trabajas en el entrenamiento físico personalizado, ¡usas tu conocimiento y tu pizarra mágica de ejercicios! Analizas datos de salud y acondicionamiento físico, como nivel de actividad, historial médico y objetivos.

5. **Diseña Rutinas Mágicas**: Con la ayuda de tu pizarra mágica de ejercicios, puedes crear rutinas de ejercicios adaptadas a la condición física y metas individuales.

6. **Ajusta Entrenamientos Mágicos**: A medida que las personas realizan los ejercicios, tu pizarra mágica de ejercicios te permite realizar ajustes y modificaciones según los resultados y el progreso.

7. **Promueve Estilos de Vida Saludables Mágicos**: Además del ejercicio, tus soluciones de entrenamiento personalizado impulsadas por IA promueven hábitos saludables y educan sobre la importancia de la actividad física.

8. **Mejora el Acondicionamiento Mágico**: Tus soluciones de entrenamiento físico personalizado contribuyen a mejorar la fuerza, resistencia y salud general de las personas al proporcionar programas de ejercicios efectivos.

En resumen, desarrollar programas de entrenamiento físico personalizado utilizando IA es como ser un entrenador mágico que adapta rutinas de ejercicios a cada individuo. La tecnología actúa como tu pizarra mágica de ejercicios que aprende y mejora con cada persona. ¡Es como tener un compañero mágico que te ayuda a alcanzar tus objetivos de acondicionamiento físico y a mantener un estilo de vida activo y saludable!

**Diseño de Moda Inteligente**: Utiliza IA para generar diseños y tendencias de moda.

Te explicaré cómo utilizar inteligencia artificial (IA) para generar diseños y tendencias de moda en el mundo del diseño de moda inteligente. Imagina que eres un diseñador mágico que puede crear prendas de vestir innovadoras y a la vanguardia de la moda. Vamos a ver cómo usar tus habilidades creativas y tecnológicas para desarrollar soluciones de diseño de moda con la ayuda de la tecnología:

1. **Comprende la Magia del Diseño de Moda**: Como el diseñador mágico, sabes cómo las prendas de vestir pueden expresar personalidad y estilo. Comprendes la importancia de estar al tanto de las tendencias y de la creatividad en el diseño.

2. **Habla con Tu Telar Mágico de Tendencias**: Imagina que tienes un telar mágico especial que puede tejer tendencias y patrones de moda. Le cuentas sobre los estilos, colores y ocasiones para los que deseas crear diseños.

3. **Guarda el Conocimiento**: Tu telar mágico de tendencias (tecnología) almacena información sobre estilos históricos, paletas de colores y datos de moda, como si fuera una base de datos de diseño de moda.

4. **Genera Diseños Mágicos**: Cuando trabajas en el diseño de moda inteligente, ¡usas tu conocimiento y tu telar mágico de tendencias! Utilizas algoritmos y datos para generar patrones y diseños únicos.

5. **Personaliza Creaciones Mágicas**: Con la ayuda de tu telar mágico de tendencias, puedes personalizar diseños según las preferencias de los clientes y las últimas tendencias.

6. **Experimenta con Estilos Mágicos**: A medida que exploras diferentes combinaciones y estilos, tu telar mágico de tendencias te permite probar ideas creativas y audaces.

7. **Impulsa la Innovación Mágica**: Además del diseño, tus soluciones de diseño de moda impulsadas por IA fomentan la innovación y la experimentación en la industria de la moda.

8. **Crea Prendas de Moda Únicas Mágicas**: Tus creaciones de diseño de moda inteligente contribuyen a crear prendas únicas y atractivas que capturan la esencia de las tendencias actuales.

En resumen, utilizar IA para generar diseños y tendencias de moda en el diseño de moda inteligente es como ser un diseñador mágico que crea prendas innovadoras y a la moda. La tecnología actúa como tu telar mágico de tendencias que aprende y se adapta a las preferencias cambiantes. ¡Es como tener un compañero mágico que te ayuda a mantener la frescura y la originalidad en el mundo de la moda!

**Automatización de Procesos Creativos**: Crea herramientas que ayuden a diseñadores y artistas en la creación con IA.

Te explicaré cómo crear herramientas de automatización de procesos creativos utilizando inteligencia artificial (IA) para ayudar a diseñadores y artistas en su creación. Imagina que eres un inventor mágico que puede desarrollar herramientas para potenciar la creatividad de los artistas. Vamos a ver cómo usar tus habilidades de invención y tecnología para desarrollar soluciones de automatización creativa con la ayuda de la tecnología:

1. **Comprende la Magia de la Creatividad**: Como el inventor mágico, sabes cómo la creatividad puede dar vida a ideas innovadoras. Comprendes la importancia de apoyar y ampliar la creatividad de los artistas.

2. **Habla con Tu Pincel Mágico de Innovación**: Imagina que tienes un pincel mágico especial que puede aplicar técnicas y estilos artísticos con ayuda de la IA. Le cuentas sobre los tipos de creaciones y estilos en los que deseas asistir.

3. **Guarda el Conocimiento**: Tu pincel mágico de innovación (tecnología) almacena información sobre técnicas de arte, estilos y preferencias de artistas, como si fuera una base de datos de automatización creativa.

4. **Asiste en la Creación Mágica**: Cuando trabajas en la automatización de procesos creativos, ¡usas tu conocimiento y tu pincel mágico de innovación! Desarrollas algoritmos y herramientas que permiten a los artistas explorar nuevas formas de expresión.

5. **Genera Ideas Mágicas**: Con la ayuda de tu pincel mágico de innovación, puedes generar ideas y conceptos que sirvan de inspiración a los artistas.

6. **Personaliza Obras Mágicas**: A medida que los artistas experimentan, tu pincel mágico de innovación les permite ajustar y personalizar las creaciones según su visión.

7. **Fomenta la Experimentación Mágica**: Además de la creación, tus soluciones de automatización creativa impulsadas por IA fomentan la experimentación y la exploración de nuevos enfoques artísticos.

8. **Impulsa la Creatividad Mágica**: Tus herramientas de automatización de procesos creativos contribuyen a impulsar la creatividad de los artistas al brindarles nuevas herramientas y perspectivas.

En resumen, crear herramientas de automatización de procesos creativos utilizando IA es como ser un inventor mágico que amplía las capacidades creativas de los artistas. La tecnología actúa como tu pincel mágico de innovación que aprende y se adapta a los estilos cambiantes. ¡Es como tener un compañero mágico que te ayuda a explorar nuevas fronteras en la creatividad y a potenciar la expresión artística!

**Control de Tráfico Urbano**: Diseña sistemas de control de tráfico basados en IA para reducir congestiones.

Te explicaré cómo diseñar sistemas de control de tráfico urbano basados en inteligencia artificial (IA) para reducir la congestión en las ciudades. Imagina que eres un ingeniero de tráfico mágico que puede optimizar el flujo de vehículos y peatones en las calles. Vamos a ver cómo usar tus habilidades de planificación y optimización para desarrollar soluciones de control de tráfico con la ayuda de la tecnología:

1. **Comprende la Magia del Control de Tráfico**: Como el ingeniero de tráfico mágico, sabes cómo la congestión afecta la movilidad y la eficiencia en las ciudades. Comprendes la importancia de regular el flujo de vehículos de manera inteligente.

2. **Habla con Tu Semáforo Mágico de Optimización**: Imagina que tienes un semáforo mágico especial que puede ajustar su temporización y secuencia utilizando datos y algoritmos de IA. Le cuentas sobre las intersecciones y patrones de tráfico que deseas mejorar.

3. **Guarda el Conocimiento**: Tu semáforo mágico de optimización (tecnología) almacena datos de tráfico, patrones de movimiento y horarios, como si fuera una base de datos de control de tráfico urbano.

4. **Analiza Patrones Mágicos**: Cuando trabajas en el control de tráfico urbano, ¡usas tu conocimiento y tu semáforo mágico de optimización! Analizas datos en tiempo real, como flujos de tráfico y congestiones.

5. **Ajusta Secuencias Mágicas**: Con la ayuda de tu semáforo mágico de optimización, puedes ajustar la temporización de los semáforos para mejorar el flujo vehicular y peatonal en las intersecciones.

6. **Reduce Congestiones Mágicas**: A medida que optimizas los tiempos de espera y las rutas, tu semáforo mágico de optimización te ayuda a reducir la congestión y el tiempo de viaje.

7. **Fomenta la Movilidad Sostenible Mágica**: Además del control de tráfico, tus soluciones de IA impulsadas por IA promueven la movilidad sostenible al facilitar el uso de transporte público y modos alternativos.

8. **Mejora la Eficiencia Mágica**: Tus soluciones de control de tráfico urbano contribuyen a mejorar la eficiencia y la calidad de vida en las ciudades al optimizar el movimiento de vehículos y personas.

En resumen, diseñar sistemas de control de tráfico urbano basados en IA es como ser un ingeniero de tráfico mágico que mejora la movilidad en las ciudades. La tecnología actúa como tu semáforo mágico de optimización que aprende y adapta su funcionamiento. ¡Es como tener un compañero mágico que te ayuda a reducir la congestión y a hacer que las calles sean más fluidas y eficientes para todos!

**Análisis de Sentimiento en Investigación de Mercado**: Utiliza IA para analizar el sentimiento del consumidor en estudios de mercado.

Te explicaré cómo utilizar inteligencia artificial (IA) para realizar análisis de sentimiento en la investigación de mercado y comprender las opiniones de los consumidores. Imagina que eres un investigador de mercado mágico que puede descubrir los sentimientos detrás de las opiniones de las personas. Vamos a ver cómo usar tus habilidades de análisis y comprensión para desarrollar soluciones de análisis de sentimiento con la ayuda de la tecnología:

1. **Comprende la Magia de la Investigación de Mercado**: Como el investigador de mercado mágico, sabes cómo las opiniones de los consumidores influyen en las decisiones comerciales. Comprendes la importancia de capturar y comprender los sentimientos detrás de esas opiniones.

2. **Habla con Tu Cristal Mágico de Sentimiento**: Imagina que tienes un cristal mágico especial que puede analizar y traducir los sentimientos expresados en opiniones y comentarios. Le cuentas sobre los productos y servicios que deseas investigar.

3. **Guarda el Conocimiento**: Tu cristal mágico de sentimiento (tecnología) almacena datos de opiniones, comentarios y resultados de análisis, como si fuera una base de datos de investigación de mercado.

4. **Analiza Opiniones Mágicas**: Cuando trabajas en el análisis de sentimiento en investigación de mercado, ¡usas tu conocimiento y tu cristal mágico de sentimiento! Procesas grandes cantidades de datos en forma de opiniones y comentarios.

5. **Detecta Emociones Mágicas**: Con la ayuda de tu cristal mágico de sentimiento, puedes detectar emociones como felicidad, frustración o satisfacción expresadas por los consumidores.

6. **Identifica Tendencias Mágicas**: A medida que analizas los sentimientos en los comentarios, tu cristal mágico de sentimiento te permite identificar tendencias y patrones en la opinión de los consumidores.

7. **Informa Decisiones Comerciales Mágicas**: Además del análisis, tus soluciones de análisis de sentimiento impulsadas por IA ofrecen información valiosa que ayuda a las empresas a tomar decisiones informadas sobre productos y estrategias de marketing.

8. **Mejora la Relación con los Clientes Mágica**: Tus soluciones de análisis de sentimiento contribuyen a mejorar la relación entre las empresas y los consumidores al mostrar que se escuchan y comprenden sus opiniones.

En resumen, utilizar IA para realizar análisis de sentimiento en la investigación de mercado es como ser un investigador de mercado mágico que puede descubrir los sentimientos detrás de las opiniones de los consumidores. La tecnología actúa como tu cristal mágico de sentimiento que aprende y mejora con cada análisis. ¡Es como tener un compañero mágico que te ayuda a comprender las emociones de los consumidores y a tomar decisiones acertadas en el mundo del mercado!

# prologo

En un mundo impulsado por la innovación y la tecnología, la inteligencia artificial se alza como un fenómeno que no solo revoluciona la forma en que vivimos, sino también la manera en que trabajamos y creamos oportunidades económicas. La inteligencia artificial, o IA como comúnmente se le conoce, no es solo una herramienta poderosa que cambia la forma en que realizamos tareas cotidianas, sino que también ha abierto un vasto abanico de posibilidades para generar ingresos de maneras antes inimaginables.

Este libro, "55 Formas de Cómo Ganar Dinero con Inteligencia Artificial", te guiará a través de un viaje fascinante por el mundo de la IA y cómo puedes aprovechar su potencial para forjar tu propio camino hacia la prosperidad financiera. En sus páginas, descubrirás una colección diversa y emocionante de ideas, conceptos y oportunidades, todas ellas respaldadas por la magia moderna de la tecnología.

La inteligencia artificial ha dejado de ser una fantasía futurista para convertirse en una realidad palpable que impulsa una revolución en diversos sectores y campos de negocio. En estas páginas, explorarás cómo puedes convertirte en un pionero en esta revolución, utilizando la IA para crear, innovar y cosechar los frutos de tus esfuerzos.

Cada capítulo de este libro te sumergirá en un mundo único de posibilidades, desde el desarrollo de aplicaciones AI y el análisis de datos avanzado, hasta la creación de chat Bits inteligentes, asistentes virtuales y mucho más. Con cada idea, te brindaremos un vistazo a cómo podrías transformar tus habilidades y pasiones en una fuente sostenible de ingresos, todo ello a través del lente mágico de la inteligencia artificial.

Adéntrate en estas páginas con una mente abierta y curiosa. Deja que tu imaginación vuele mientras exploras las diferentes formas en que la inteligencia artificial puede enriquecer tu vida económica. No importa si eres un emprendedor incipiente o un veterano de los negocios, aquí encontrarás inspiración, consejos prácticos y un enfoque fresco para abrazar la era de la IA.

Así que, prepárate para desvelar los secretos detrás de las 55 formas mágicas de ganar dinero con inteligencia artificial. En cada capítulo, te invitamos a embarcarte en un viaje hacia el futuro, donde la magia de la tecnología se fusiona con tu ingenio y creatividad para abrir puertas a oportunidades asombrosas. ¿Estás listo para sumergirte en esta aventura? ¡Entonces comencemos!

## Cada capitulo tienes que desarrollarlos con inteligencia
## Artificial

Por suerte te dejo como puedes regístrate gratis Una vez registrado de los 55 negocios elige el que más te guste después de haber el guido solo te vas a chat GPT y le preguntas como llevar a cabo el negocio o negocios que elegido solo tienes que seguir paso a paso todo lo que te diga.

Ten en cuenta que algunas de estas ideas pueden requerir conocimientos técnicos más avanzados, mientras que otras pueden ser más adecuadas para personas con habilidades empresariales o de consultoría. Asegúrate de investigar y planificar adecuadamente antes de emprender cualquier proyecto.

Usar un chat Bot es una excelente manera de brindar asistencia y obtener información de manera interactiva. Sin embargo, ten en cuenta que GPT-3.5, la tecnología que impulsa esta conversación, no tiene acceso a las funciones del dispositivo, como el GPS, ni puede brindar asistencia en tiempo real. Sin embargo, puedo proporcionarte un ejemplo ficticio de cómo una persona podría interactuar con un chat Bot para obtener instrucciones de navegación.

A continuación, te muestro un ejemplo paso a paso de cómo alguien podría usar un chat Bot para obtener direcciones de GPS:

1. **Iniciar la Conversación**: Abre la aplicación de chat en tu dispositivo (como una aplicación de mensajería) y busca el chat Bot de navegación. Si no tienes uno, podrías buscar aplicaciones populares como Google Maps o Waze.

2. **Saludar al Chat Bot**: Comienza la conversación con un saludo. Por ejemplo: "¡Hola! Necesito direcciones para llegar a [dirección de destino] desde mi ubicación actual".

3. **Proporcionar Detalles**: El chat Bot podría preguntar si tienes una dirección específica en mente. Responde con la dirección de destino o el lugar al que deseas llegar.

4. **Confirmar Ubicación Actual**: El chat Bot podría solicitar tu ubicación actual. Puedes proporcionarla manualmente o permitir que la aplicación acceda a tu ubicación.

5. **Obtener Instrucciones**: Después de que el chat Bot tenga la información necesaria, te proporcionará instrucciones detalladas. Podría decirte: "Para llegar a [destino], sigue estos pasos: ..."

6. **Interactuar y Aclarar Dudas**: Si tienes alguna pregunta sobre las instrucciones o necesitas aclarar algún punto, puedes preguntarle al chat Bot. Por ejemplo, "¿Cuánto tiempo tomará llegar?"

7. **Finalizar la Conversación**: Una vez que tengas las instrucciones que necesitas, puedes agradecer al chat Bot y finalizar la conversación.

8. **Sigue las Instrucciones**: Utiliza las indicaciones proporcionadas por el chat Bot para navegar a tu destino. Puedes abrir una aplicación de navegación, como Google Maps o Waze, y seguir las indicaciones paso a paso.

Recuerda que este es solo un ejemplo ficticio y que la interacción real con un chat Bot de navegación puede variar según la aplicación y la tecnología utilizada.

Además, asegúrate de respetar las regulaciones y leyes de tránsito mientras utilizas aplicaciones de navegación.

Espero que uno de estos negocios te sea muy rentables si sigues paso a paso crearas aplicaciones que te reportaran ingreso para siempre, creo que un negocio de los que te hemos escrito aquí.

Tendrá mucho éxito en el futuro cada uno de ellos solo te llevará seis meses ponerlo en marcha suerte.

Fin